自分らしく
売上とチーム力を上げる
言葉の紡ぎ方

ひとことで整える

堤藤成
コピーライター・著者起業家

祥伝社

ひとことで整え、
あなたらしく、
おいしい人生をご賞味ください。

2000年代、
「見える化」ブームがやってきました。
複雑化する経営や事業を、
「わかりやすく視覚化したい」という
欲求があったからです。

続く2010年代後半、
「言語化」ブームがやってきました。
ネットやSNSの進化により、
「モヤモヤを言葉にしたい」という
欲求が生まれたからです。

そして、いよいよ２０２０年代。

生成ＡＩの進化により、
日々大量の「見える化」「言語化」された
アウトプットが量産されてきています。

つまり、これまでのように、
単に「見える化」「言語化」しただけでは、
世の中に埋もれてしまうということ。

……では、こんな時代に、
どう対処していけばよいのでしょうか。

その鍵は、「コピー化」です。

「コピー化」とは、

自分や自社の「らしさ」の本質を摑《つか》んだ
「キャッチコピー（ひとこと）」を紡《つむ》ぐこと。

さらにその紡いだ言葉をコピー機で刷るように、
相手やチーム、社会の人々の心に
「コピー（複写）」していくことです。

「コピー化」には7つのメリットがあります。

①相手の心を摑める
②コミュニケーション効率が上がる
③チームに一体感ができる
④自分に合った仕事が集まる
⑤売上が上がる
⑥自分の志《こころざし》が耕《たがや》され生きがいを感じられる
⑦社会が良くなる

「コピー化」は、
現代における「幸せへ至る道」なのです。

さぁ、「見える化」「言語化」の先にある、
極上のあなたらしさをお召し上がりください。

プロローグ

こんな悩みは、ありませんか？

☑ 自分「らしさ」って何だろうと悩んだことがある

☑ やってきたことがバラバラで専門性がないと感じる

☑ 夢とか志なんて自分には似合わないと思っている

☑ チームやコミュニティに何となく一体感がない

☑ いつも、頭の中が
モヤモヤしてまとまらない

☑ やりたいことが
周りに理解してもらえない

☑ 自分の軸が定まらず、ブレやすい

☑ いつまでも具体的な一歩が踏み出せない

この本は、そんなあなたのために書きました。

「コピー化」であなたの人生を、もっとおいしく

突然ですが、あなたに質問です。

なぜ、これからの時代「コピー化」の技術が大切なのでしょうか。

そのヒントは、この言葉にあります。

「1粒《ひと》で2度おいしい」

これは江崎グリコのロングセラーのお菓子である『アーモンドグリコ』のキャッ

チコピーです。「アーモンドの香ばしさ」と「キャラメルの風味」で2度のおいしさを楽しめることからこのコピーが使われてきました。

じつは、この「コピー化」という技術を使うだけで、あなたの人生に「1粒で2度おいしい」状況が生まれてくるのです。むしろ「見える化」や「言語化」しただけでの段階よりも何倍も「おいしい」と思えるメリットが享受できます。

そのことを、1つの物語を使って、解説してみましょう。

4人のレンガ職人

有名なレンガ職人の物語です。

1人目の職人は、「レンガを積めと言われた」からレンガを積んでいました。
2人目の職人は、「日銭を稼ぐため」にレンガを積んでいました。
3人目の職人は、「憩いの場としての大聖堂を建てるため」にレンガを積みました。

そして、物語は「仕事に意味を見出すことが大事」という結論で終わります。

ですがこれは単に、1人目は行動を「見える化」した状態、2人目と3人目は「言語化」しただけで自己完結している状態だと捉えることもできます。

そこで、ここに「コピー化」の技術を持った4人目のレンガ職人が登場したら、どうなるでしょう。

4人目のレンガ職人は、
「レンガを積むことは、希望を積み上げること」とコピー化しました。

それによって、「希望の大聖堂」を創ろうと「職人仲間の心を掴む」ことができ、レンガ職人たちのモチベーションが上がりました。さらに「レンガを積む＝希望を積む」ということで、レンガをより迅速かつ正確に扱うようになり、「コミュニケーションが効率化」され、時短に繋がりました。

同時に、「チームの一体感」も生まれました。さらに「村の希望になるのならぜひ手伝わせてくれ」と協力者が次々と集まってきたため、ますます「自分に合った仕事」に集中できるようになりました。

仕事の効率が上がり良い評判が生まれたことで、レンガ職人の会社の売上はますます上がるようになりました。こうしてコピー化した自分らしさに日々取り組むことで、**自分の志が耕され、生きがいを感じられる人生**になりました。

「希望の大聖堂」は予定より大幅に早く完成します。その後、村の文化的なシンボルとなり、「社会をよくする」ことにも繋がりました。

コピー化の技術を持った4人目のレンガ職人は、村人たちの信頼を集め、その墓碑には「希望を積み上げた人物ここに眠る」という言葉が刻まれたそうです。

いかがでしたか？

この物語を振り返ってみると、当初、3人で見える化・言語化だけを行なって黙々と個人でレンガを積み上げていた頃は、あくまでも自己完結の世界でした。

ですが、4人目の「コピー化」の技術を持ったレンガ職人が加わったことから、7つのメリットが加わりました。

① **相手の心を掴むインパクト** ↓職人仲間のモチベーションアップ
② **コミュニケーションの効率化** ↓レンガを積むスキル向上による時短
③ **チームの一体感の醸成** ↓「希望を積み上げる」という共通言語に
④ **自分に合う仕事への集中** ↓優秀な「協力者」が現れ分業が可能に

⑤ **売上アップ**　↓良い評判と紹介が生まれ、仕事の受注が増える
⑥ **自分の生きがいの実感**　↓自己完結を超えた村中の感謝と尊敬の獲得
⑦ **社会貢献**　↓自分の死後にも残る、村の文化資産を築く役割を果たせた

これは単純な「レンガを積む」という1つの行為でも、「コピー化」によって、7つのメリットに繋がったというわけです。「1粒で2度おいしい」どころか、「1粒で7度おいしい」とさえ言えるのではないでしょうか。

これが、見える化・言語化だけで終わらせてはもったいないという理由です。
だからこそぜひあなたにもこの「コピー化」の技術を習得し、人生をおいしくしていただきたいのです。

「自分らしさ」に誰よりも悩んだからこそ、この本が生まれた

自己紹介が遅れました。コピーライターで、著者起業家の堤藤成です。電通のコピーライターを経て、マレーシアでMBAを取得。スタートアップを経て、現在は起業して「つむぐ塾」というコミュニティを運営するほか、本の執筆や企業研修、コンサルティング、マーケティングの仕事をしています。

そんな僕自身も「自分らしさって何だろう」ととても悩んだ人間でした。

たとえば、僕がもともと所属していた電通という広告代理店には、当時コピーライターという肩書きを持つ人だけでも100人以上いました。さらにクリエイティブという職種に関しても、500人以上という大所帯です。

そうすると、同じ電通の「コピーライター」という職業では差別化できないわけです。そこで、「どう自分らしさを出していくのか」については、めちゃくちゃ悩みました。その頃、ノートに「自分らしさ」とは何かについて、毎日のように書き殴りながら、必死に考えていたことを覚えています。

その後、電通を退職して独立することになったのですが、現在も「自分らしさ」については常に考え続けています。

たとえば、現時点で僕は次のことに取り組んでいます。

- **コピーライター**：企業のパーパス設計やマーケティングの企画・実行
- **作家**：本の執筆・連載・販促活動
- **起業家**：スタートアップの経営
- **コミュニティオーナー**：つむぐ塾コミュニティの運営、講座の実施
- **プロデューサー**：個人コンサルなどを通じたブランディングの支援

大きく5つの領域にまたがっていますが、こうして今やっていること（Doing）だけをみると、まとまりがなく「何者」かがわからない状態だと思います。

ですがここに、現時点の自分らしさを「コピー化」した**「言葉を整え、ご縁を紡ぐ」**という言葉を置いた場合はどうでしょうか？

すると、先ほどのDoingは、このように説明できます。

- コピーライター→**企業理念の言葉を整え、マーケティングで顧客とのご縁を紡ぐ**
- 作家　→**本の執筆や連載を通じて言葉を整え、読者と幸せな未来とのご縁を紡ぐ**
- 起業家　→**経営において言葉を整えたマネジメントでご縁を紡ぐ**
- コミュニティオーナー　→**つむぐ塾コミュニティや言葉の講座でご縁を紡ぐ**
- プロデューサー　→**言葉を軸にしたコーチングやブランディングでご縁を紡ぐ**

「らしさのコピー化」 **ビフォー**

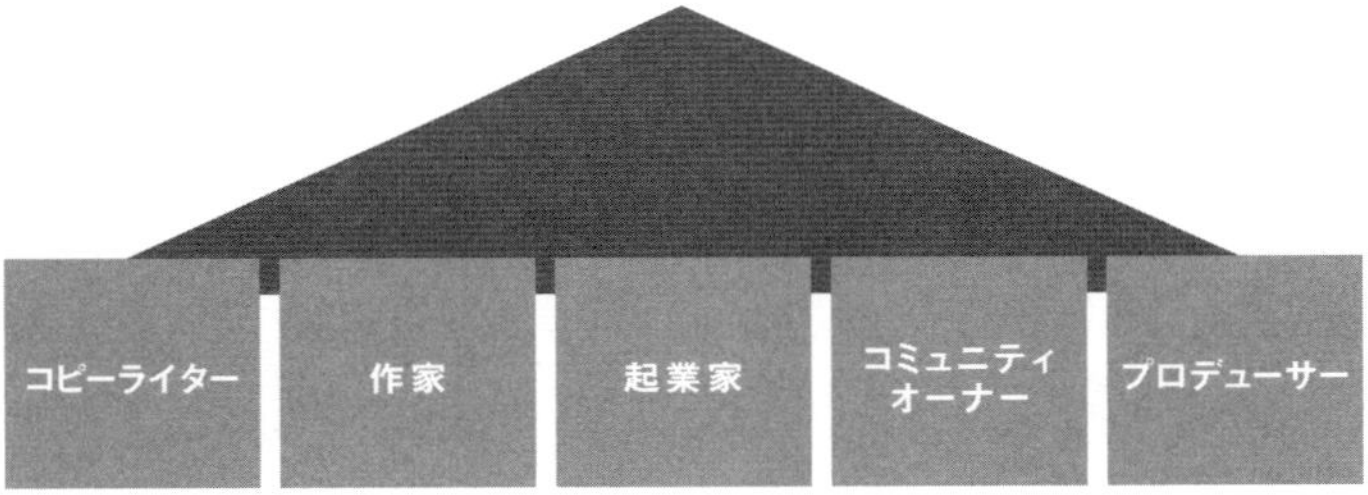

「らしさのコピー化」 **アフター**

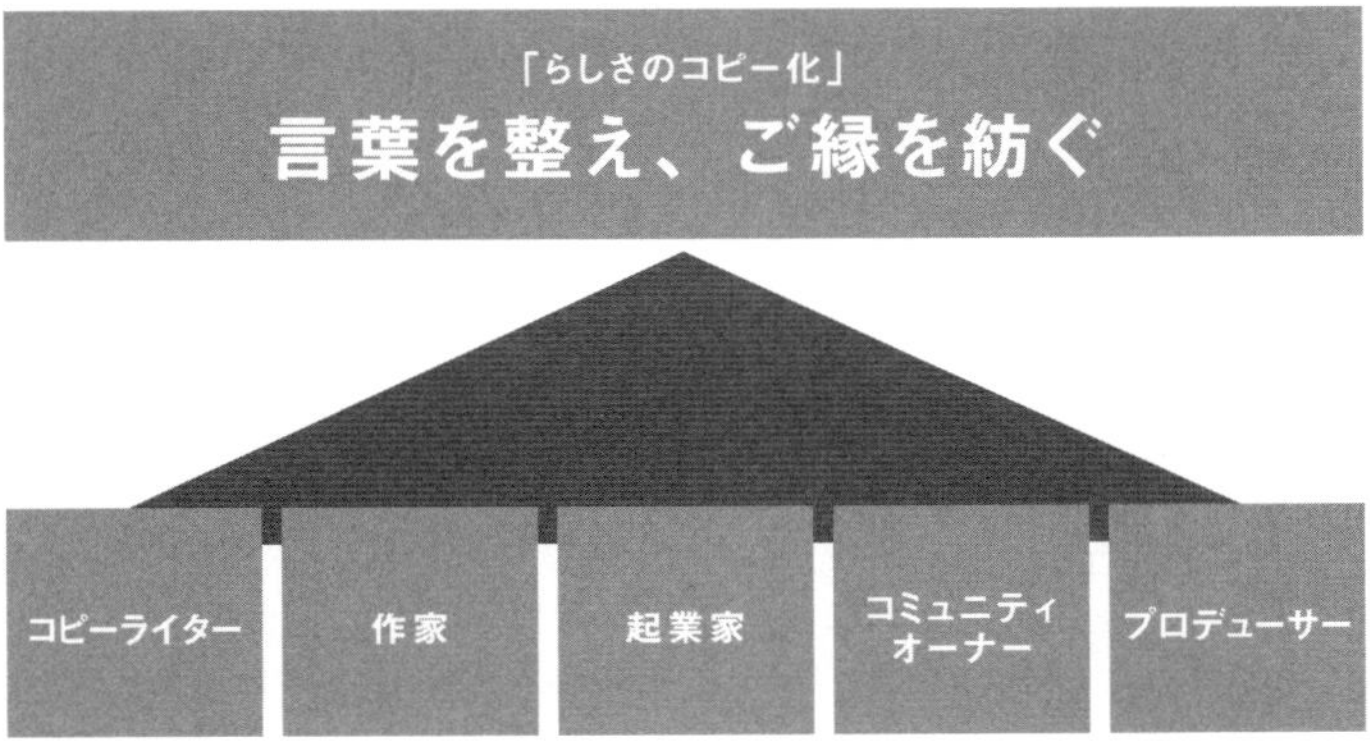

このように、バラバラに見えていた取り組みの背景に「一貫性」が見えてきませんか。まさに僕でいえば、さまざまな取り組みの背景にある自分のコピー「言葉を整え、ご縁を紡ぐ」。ここに自分らしさを凝縮しているのです。

ちなみにこの個人、商品、企業における「らしさのコピー化」に関しては、これまでコピーライターとして20年近く、大企業からスタートアップ、個人を支援してきた経験があります。

また作家として、つむぐ塾塾長として、プロデューサーとしてなど、さまざまな立場からの視点もお役に立てるはずです。

今回、この本の中でトライしたいのは、読者のあなたにも、この自分らしさを見える化し、言語化し、そして「コピー化」していただきたいということです。**きっとこれぞ自分だと思える「コピー化」をすることができれば、あなたという豊かな**

土壌を耕せるようになります。

いくら苗を植えても土壌が耕されていないと、そこに米は育ちません。

先ほどご紹介した4人目のレンガ職人のように、あなたも7つのメリット（①相手の心を掴むインパクト、②コミュニケーションの効率化、③チームの一体感の醸成、④自分に合う仕事への集中、⑤売上アップ、⑥自分の生きがいの実感、⑦社会貢献）を受け取ってほしいのです。

この機会に、らしさのコピー化であなたという土壌を耕していきましょう。

言葉を量産する時代から、らしさを紡ぐ「ひとこと」の時代へ

近年の人工知能の発達によって、質にこだわらなければ、「それっぽい」借りてきた言葉を、いくらでも量産できる時代になりました。

かつて、思考も「生産」できること、つまり素早くアウトプットを量産するスキルが求められてきました。

しかしこれからの時代は、むしろ無駄な物を手放し、人生を「清算」していくスキルが求められています。

「言語化」は、言葉を「生産」する技術ですが、

「コピー化」は、人生を「清算」する技術です。

もちろん見える化、言語化も、それぞれ重要な技術です。

しかし、もしもあなたが取り組みを「見える化」しても、思考を「言語化」しても、悩みを抱えているとしたら――？

そんなあなたにこそ、「コピー化」の技術を試していただければと思います。

自分を「言語化」したのに情報量が多くて結局動き出せなかった人でも、「コピー化」することさえできれば、小さな一歩を踏み出すことができます。

言葉を整える過程で、自分「らしさ」の土壌を耕し、幸せな人生を紡ごう

この本の読者は、企業の経営者やビジネスリーダーなど、自社や自分たちのチー

ムの「らしさ」を活かして仕事をしたい人を想定しています。また、転職や起業、副業など自分らしく生きるために、言葉を整えたい社会人や主婦、就活生など、個人の「らしさ」を使えるようにも設計しています。

そのためにわかりやすい比喩なども使いながら、見える化、言語化の先のコピー化の技術を、誰もが使えるようにシンプルなメソッドに体系化しました。

言葉を整えることで、あなた「らしさ」をコピー化し整えていくことができます。

第1章では、「らしさのコピー化」の重要性とメリットを解説します。
第2章では、言葉を整える際に陥りがちな罠についてお話しします。
第3章では、言葉を整える5つのステップについて説明していきます。
第4章では、企業や個人での「コピー化」活用事例を見ていきます。
第5章では、「らしさ」を紡ぐ過程を実践講義とQ＆Aでフォローします。

この本は、小さな教室であなたに話しかけているように解説していきます。あなたがコピー化に取り組む際にイメージしやすいように、実際にこれまで僕が行なった講義における受講生とのやり取りも一部抜粋・改変して紹介します。

それでは、準備はできましたか。いよいよ、自分らしさが活きる言葉を味わいに出かけましょう。

目次

プロローグ

第1章 なぜ「らしさのコピー化」が大切なのか？

第2章 「らしさ」と「コピー化」の誤解

第3章 「らしさ」を紡ぐコピー化の5ステップ

第4章 「らしさ」を紡ぐコピーの活かし方

第5章

自分らしさを紡ぐ コピー化実践講義

エピローグ

装丁・本文デザイン　小口翔平＋村上佑佳＋青山風音
（tobufune）
イラスト　髙柳浩太郎
DTP　アルファヴィル・デザイン
校正　円水社
写真　アフロ

Let's make words, like making "Sushi".

お寿司を握るように、言葉を握ろう。

Illustration by Shintaro Tagashira

第1章

なぜ「らしさのコピー化」が大切なのか？

あなたをお寿司のネタにたとえると？

これから、自分らしさをコピー化することの「重要性とメリット」についてお話しします。とはいえ、いきなりそんなことを言われても、「そもそも自分らしさって何だろう」と、難しく考えてしまうと思います。そこで、まずは簡単なワークを一緒にやっていただきたいと思います。

問題　**自分をお寿司にたとえると、どんなネタでしょうか？**

寿司は、酢飯とネタというとてもシンプルな構成ですが、いろんな種類があります。まずは頭に浮かんできたことを書き出してみてください。

「自分をお寿司にたとえるって、どういうこと？　お寿司のネタでパッと思いつくのはマグロかな。いや、でも自分はマグロみたいにメジャーなネタという感じではないかも……？」

これは、思考をそのまま垂れ流すように「見える化」していく段階です。

そもそも、お寿司のネタが浮かばない人は、最初に「お寿司　ネタ　種類」などで検索してみてもいいかもしれません。また、「自分ってどんな人だろう？」と自分自身の性格や特徴も思いつくままに書き出してみてください。

寿司ネタから自分に似たものを探すのでも、自分の特徴から寿司ネタをイメージしてみるのでも、どちらでも構いません。

次に「なぜそれが浮かんだのだろう?」と考えてみます。「自分はマグロより玉子焼きだな」と思ったのなら、なぜ自分は玉子焼きにしっくり来ているのかを考えてみましょう。

また、玉子焼きだとしたら、それがふわっとした柔らかい玉子なのか、しっかりとした固めの玉子なのか。もしくは、ちらし寿司にのっている錦糸《きんし》玉子なのか、薄焼き卵でご飯を巻いた玉子巻き寿司なのか——。

寿司の玉子焼きといってもいろんな種類がありますよね。どれが自分に当てはまりそうか言葉にしてみましょう。

仮決めしたら、今度はもう少し玉子焼きについて調べてみましょう。

たとえば、玉子の語源や、寿司の握り方を深掘りしてみるのもいいと思います。

実際にリサーチという行動をしてみると、「玉子は形状が丸いことから『たまご』と呼ばれるようになったのか! そういえば、自分も性格が丸いと言ってもらうことが多いな」とか、そのネタと自分はどんなところが近いのかが少しずつ見えてきます。

これらの情報を活かして、実際に「自分は○○なお寿司のネタです」という言葉をつくってみましょう。「○○で○○なところのある、脂《あぶら》ののった○○なマグロです」など、楽しみながら自己紹介をしていただけたらと思います。

僕の場合ですと、最初に思い浮かんだのは、「自分はトロやイクラのようなメジャーなネタではないな」ということでした。

もう少し脇役的な感じで、でも意外と良い仕事をする。そんな佇《たたず》まいがイメージとして湧《わ》いてきました。そこで、すっきりとした白身魚のエンガワがパッと浮かんできました。おそらく最初にエンガワが出てきたのは、普段自分が「縁」という言葉を大事なキーワードにしていたこともあって、「エン」という語感が繫がってパッと思い浮かんだのもあると思います。

エンガワというキーワードが浮かんできたことで、ネットでエンガワについて調べてみました。エンガワとは、ヒラメやカレイのヒレの筋肉だそうです。また、寿司通の方が最初と最後に食べて、口を整える。そういう役割を担っていたこともわかりました。そこで、僕の場合は、

「お口の中をスッキリ整えるエンガワです」

という自己紹介になりました。

あなたはどんな自己紹介になりましたか？

実際に、この「お寿司の自己紹介ワーク」を講義や企業研修の場で行なうと、毎回個性的な自己紹介が繰り広げられます。

たとえば、子育てするママのための支援をしている方が、ご自身を子沢山で生命力が強いイメージのある「シラス」にたとえて語っていました。

また、デザインと言葉の両方の仕事をしている方が、海と空の2つの空間を縦横に飛び回るというイメージから、ご自身をトビウオの卵の「とびっこ」にたとえていました。このように毎回個性的な寿司ネタの自己紹介を教えてくれます。

じつは、このワークを行なうのには、1つの大きな理由があります。

「自分をお寿司にたとえてください」というシンプルな問いでも、つくられる自己紹介は千差万別。自然とあなた「らしさ」がにじみ出てくるのです。

普通に「自己紹介をしてください」と言われると、「○○という会社に所属する○

○です」「○○という職業をしています」とか、「○○出身です」「趣味は○○です」など、単なる情報の羅列になったり、人間性が感じられなかったりします。

しかし、あえて自分をお寿司にたとえてみることで、その人の自分らしさや着想の独特さ、人柄や想いなど、パーソナルな部分が自然と出てきます。

あなた「らしさ」が「シラス」的な感性なのか、「とびっこ」的な価値観なのか。このワークから感じていただきたいと思いました。

もちろん、時には寿司ネタが被《かぶ》る場合もあります。ですが、同じウニだったとしても、ウニのどんな特徴が自分に似ていると思ったかはそれぞれ違うはずです。その視点の違いを味わってほしいのです。

また、これは同じ業界や肩書きの方同士の自己紹介でも活用することができます。

たとえば、プロデューサー同士の集まりがあったとして、自分はエビのように脱皮を繰り返し進化していくプロデューサーなのか、タコのように柔軟なプロデューサーなのかなど、自分のあり方や仕事のこだわりを伝えることができます。

無理に差別化しようとしなくても、ワーク次第で勝手に「らしさ」というのは出てくることを最初にお伝えしたかったのです。

セルフブランディングなどに関する書籍やセミナーでは、「自分をどう差別化するか」など、難しく考えてしまうケースが見られます。でも、**あなたは無理に差別化しようとしなくても、すでに唯一無二の個性を持っている存在である**——。そのことに気づいてほしかったのです。

本来は、友人同士や趣味のコミュニティ、ご家族などで取り組んでいただくと、より効果が実感できるワークですので、ぜひお時間のあるときに試してくださいね。

らしさを紡ぐコピー化のコツ

「自分らしさ」は、無理に差別化などを考えなくとも、にじみ出てくるもの。

「らしさ」をコピー化する意味とは？

ではあらためて、「自分らしさ」や「企業らしさ」をなぜ言語化する必要があるのでしょうか？

・相手に理解してもらうため
・自分の扱い方を知るため
・無意識を意識下に置くため

もちろん、これらはその通りだと思います。でも、もしシンプルかつ究極の目的をお伝えするならば、それは**「幸せに生きるため」**だといえます。

なぜなら、「自分らしさをコピー化する」ことで、自分の進むべき方向性が見えて、人生の羅針盤《らしんばん》となるキャッチコピーを持てるからです。

そして相手の頭にコピーを複写することで、意図する仕事のチャンスが増えます。その結果、自分らしさが活かせる時間が増え、幸せに生きられます。

つまり、**意図的に幸せな時間を増やすためには、自分らしさを表現する言葉を持っておくことが重要なのです。**

これはやみくもに森の中を歩くよりも、「コンパスを持って歩いたほうが迷いにくい」という感覚に似ています。もう少し解像度を上げていくと、「自分らしい人生とは何か？」について考えず無意識的に生きるのではなく、それを言葉にして意識することで、その生きがいに少しでも近づこうと意識が働くので、結果的に充実した人生を送ることができるということです。

ですので、まずは自分らしさの土壌としての存在意義、英語では**「パーパス（PURPOSE）」**といいます。この部分を「見える化」「言語化」しただけで満足せず、最終的に「コピー化」し世の中に複写していくことが大事なのです。

ちなみに、この「パーパス」は、「夢」とも少し違います。

夢というと、達成するまではずっと追い求めている感覚を受けるのではないでしょうか。しかし自分らしさをコピー化した「存在意義」であれば、今この瞬間から意図的に感じられるものなのです。つまり、その自分らしいあり方で、幸せと繋がりを常に持ち続けることができるのです。

僕の場合でいうと、「言葉を整え、ご縁を紡ぐ」というパーパスを定めています。

そうすると、今この本を書いているときも、コピーライティングの講義をしているときも、友達のキャリアの相談に乗っているときでさえも、この「言葉を整え、ご縁を紡ぐ」というあり方と繋がっているといえます。

だからこそ、自分が取り組んでいること自体に充実感を意識でき、結果的に幸せを感じる時間を増やすことができるのです。

らしさを紡ぐコピー化のコツ

「らしさ」をコピー化するからこそ、今この瞬間から幸せと接続できる。

夢（ドリーム）と存在意義（パーパス）の違い

→「らしさのコピー化」で取り組むべきは、「パーパス」の領域。

パーパスの背景としてのミッション・ビジョン・バリュー

自分らしく生きるには、「パーパス（存在意義）」をコピー化することが大事だとお伝えしましたが、その際にまずは混同しやすい言葉として、**ミッション（MISSION）・ビジョン（VISION）・バリュー（VALUES）**があります。これらの概念はこれからお話しするパーパスの前提ともなる言葉なので、最初に整理しておきたいと思います。

まずは55ページの絵をご覧ください。

『我々はどこから来たのか　我々は何者か　我々はどこへ行くのか』というゴーギャンが描いた作品です。

『我々はどこから来たのか 我々は何者か 我々はどこへ行くのか』

（ポール・ゴーギャン作、ボストン美術館蔵）

提供：Iberfoto ／アフロ

ちなみに作品名に記されているこの3つの問いは、人類がたどり着く究極の3つの問いだといわれています。これまでの歴史の中で、哲学者や科学者やアーティストなど、最後はみんなこの3つの問いと向きあうそうです。じつはこのそれぞれの問いと連動し呼応したものが、ミッション・ビジョン・バリューとなっています。

ミッション（使命）↓過去

まず「我々はどこから来たのか？」という問いの通り、これまでの自分の過去を見て、自分の原体験と向きあう領域です。たとえば、昔いじめられた経験があるからこそ、自分の使命が「いじめ撲滅」の取り組みになるという感覚です。

バリュー（価値基準）↓現在

次に「我々は何者か？」という問い。たとえば、現在ジャーナリストという職業に就いているのであれば、自分は社会課題に訴えかけていくのが得意であると整理

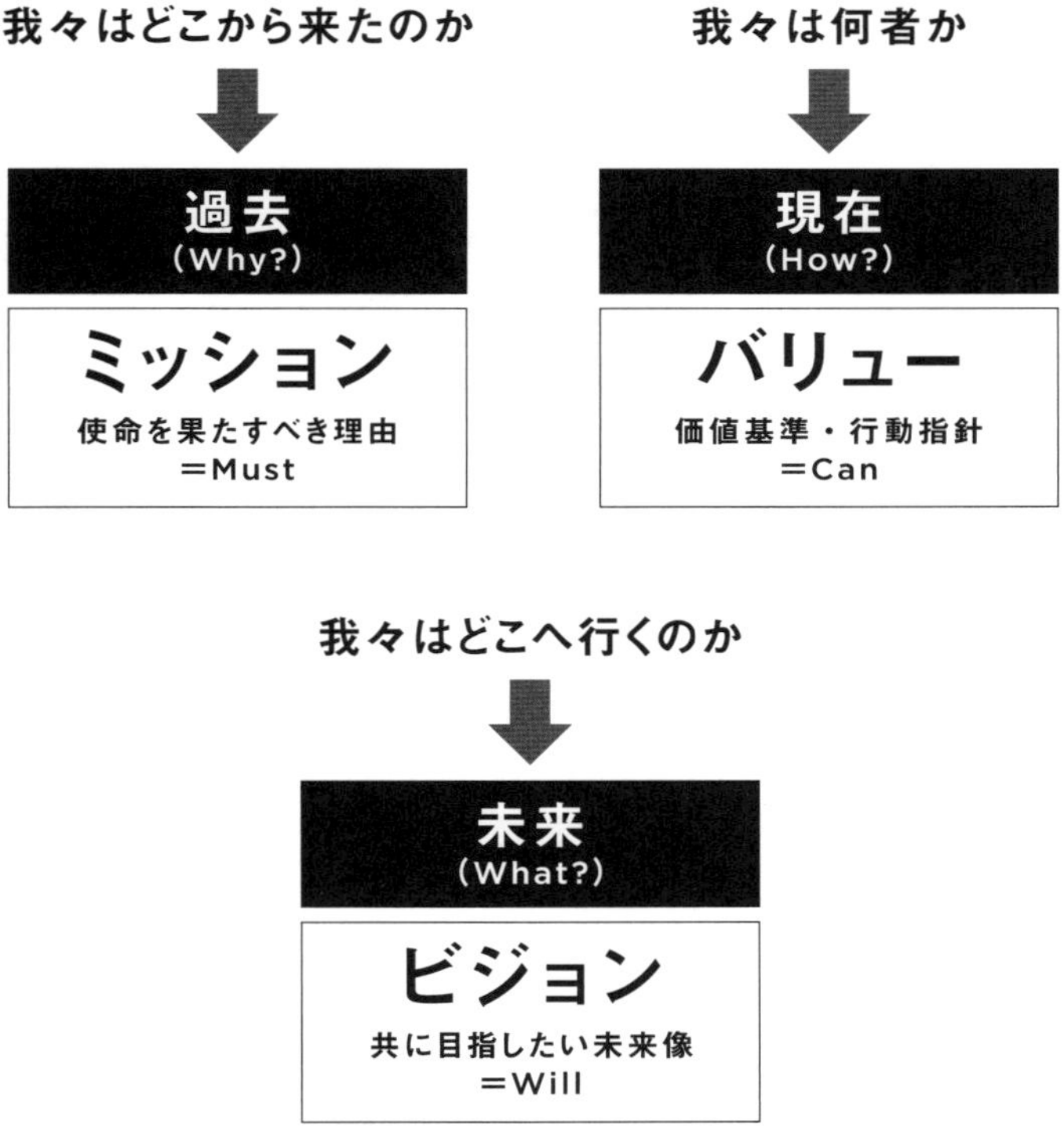
我々はどこから来たのか
過去
(Why?)
ミッション
使命を果たすべき理由
＝Must
我々は何者か
現在
(How?)
バリュー
価値基準・行動指針
＝Can
我々はどこへ行くのか
未来
(What?)
ビジョン
共に目指したい未来像
＝Will

してみる。自分のできることから今この瞬間に行動をしていきます。

ビジョン（理想像）→未来

そして最後は、「我々はどこへ行くのか?」です。未来に想いを馳《は》せ、どこへ行くのか、目指したい理想像と向き合ってみる。たとえば、「助け合いの社会をつくる」という未来像にワクワクすることです。

過去にいじめを受けた原体験から、「いじめ撲滅」のミッションを持ち、
現在のジャーナリストとしてのバリューで社会に対して問題提起し、
未来にいじめのない「助け合いの社会をつくる」というビジョンを実現する。

このように、「我々はどこから来たのか」「我々は何者か」「我々はどこへ行くのか」という3つの問いに呼応して、ミッション・ビジョン・バリューがあるのです。

それでは「山登り」におきかえて、この3つの概念についてもう少し詳しく説明していきましょう。

どんな理由で？ ↓ミッション（Must：使命を果たす理由）
どのような山に？ ↓ビジョン（Will：共に目指したい未来像）
どのように登るか？ ↓バリュー（Can：価値基準・行動指針）

まずは「なぜ、この山に登りたいか？」という理由にあたるのが、ミッション（使命）です。

どんな理由でその山に登りたいのかについても、多くの理由が考えられます。景色が映える美しい山を見つけてその景色をSNSにアップして有名なインフルエンサーになりたいという人もいれば、景色が綺麗なこの山だけに咲いている特別な花を研究したいというプラントハンターのような人もいるかもしれません。

続いて、「どんな山に登りたいか」。これがビジョンにあたります。

ひとえに「人生は山登りである」といっても、どんな山に登りたいかは人それぞれ違います。エベレストの頂上のように、とにかく標高が高いところを目指したい人もいれば、景色が美しい山に登りたいという人もいる。

一方で、みんなが知らないニッチな山だけど、私だけが知っているような山に登りたいという人もいる。人それぞれどんな山に登りたいかによって、目指す山頂の景色も違いますよね。これがビジョンにあたります。

最後は、「どう登るか?」というバリュー（価値基準）についてです。

登り方についても個性は現れます。断崖絶壁でも最短最速で登りきりたいという人もいれば、周りの景色を楽しみながらゆったりと登りたいという人もいると思います。

また、遭難しないためにたくさんの荷物を背負って用意周到に備えてから出発する人もいれば、まずは登れるところまで登ってみようと身軽な格好で行く人もいるでしょう。この価値基準・行動指針というのも個性が現れるポイントです。

ちなみにニーチェは、こんな言葉を残しています。

登山の喜びは、山頂に達したときに頂点となる。しかし、私にとって、一番の楽しみは険しい山脈をよじ登っているときである。険しければ険しいほど、心臓は高鳴り、勇気は鼓舞される。

この言葉のように、人生は山登りだと考えると、どんな理由で、どんな山に、どう登るのか。その山登りのプロセスこそが、唯一無二の人生を紡ぐのではないでしようか。

らしさを紡ぐコピー化のコツ

人生において、どんな山に、どんな理由で、どのように登るかを考えてみよう。

ユニクロ、アマゾンのミッション・ビジョン・バリューから見える「らしさ」

それではミッション・ビジョン・バリューが実際どのように機能しているのか、具体的な企業の事例を見ていきましょう。
まずは日本の大企業の例としてユニクロ（ファーストリテイリング）のミッション・ビジョン・バリューを見ていきましょう。

ミッション（使命）

LifeWear

ビジョン（未来像）

服を変え、常識を変え、世界を変えていく

バリュー（価値基準）

世界一のアパレル製造小売業

お客様の立場に立脚／革新と挑戦／個の尊重、会社と個人の成長／正しさへのこだわり

ユニクロは「LifeWear」というミッションを実現するために、老若男女の誰もが日々生活の中で使うさまざまな服を扱っています。

高級ブランドのように敷居を高くするのではなく、値段もリーズナブルに設定されています。

また、「服を変え、常識を変え、世界を変えていく」というビジョンを定め、単に

デザイン性だけでなく、新しいテクノロジーを活用して機能性をプラスし、服づくりの常識を変えています。
そのため「世界一のアパレル製造小売業」というバリューに基づき、革新や挑戦、正しさへのこだわりなど独自の文化を築きあげて、着実にそのビジョンの実現に向けて経営を進めている企業だといえます。

続いて有名なアマゾンのミッション・ビジョン・バリューを紹介しましょう。

アマゾンは、ビジョンとして「The Everything Store(すべてを売る店)」を掲げています。そのために、ミッションを「地球上で最もお客様を大切にする企業であること」と定めており、大変高いハードルを自らに課しています。
そして、このミッションを実現するために「リーダーシップ・プリンシプル」というハードな行動指針を定めています。

たとえばバリューの1つである「Customer Obsession」とは、「顧客への病的なこだわり」を意味します。

そのこだわりを追求するためには、株主への利益還元を遅らせてでも、顧客のために配送センターや倉庫をはじめ、莫大な投資を行なっているのです。それにより、商品の品揃えをどこよりも充実させることができ、商品をより安く提供することが可能になり、より早く届けるという顧客満足度を上げる活動に繋がっているのです。

そして、顧客が満足し注文が増えることで、また多くの売主を惹きつけ、さらに品揃えが充実するのです。このように**ミッション・ビジョン・バリューは一本の軸が通ってこそ競争優位性を発揮していくものなのです。**

こうして2つの会社のミッション・ビジョン・バリューを比較するだけでも、会社のカラーの違いがとても特徴的に見えてくるかと思います。

Amazon

事業▶EC／AWSなどを中心にしたエコシステムを構築

MISSION Why?=Must		**地球上で最もお客様を大切にする企業になること**
Vision What?=Will		**The Everything Store**
Value How?=Can		**リーダーシップ・プリンシプル**
	1	Customer Obsession: カスタマーを起点に考え行動
	2	Ownership:オーナーシップを持つ
	3	Invent and Simplify:革新と創造を求める
	4	Are Right, A Lot:正しい判断を
	5	Learn and Be Curious: 常に学び、自分自身を向上させる
	6	Hire and Develop the Best: 採用や昇進の基準を引き上げる
	7	Insist on the Highest Standards: 高い水準を追求し品質を改善
	8	Think Big:大胆な方針と方向性をつくる
	9	Bias for Action:スピード重視でリスクを取る
	10	Frugality: より少ないリソースでより多くのことを実現
	11	Earn Trust:人に敬意をもつ
	12	Dive Deep:詳細まで把握する
	13	Have Backbone; Disagree and Commit: 賛成できない場合は、敬意を持って異議を唱える
	14	Deliver Results:決して妥協しない
	15	Strive to be Earth's Best Employer: 地球上で最高の雇用主となるよう努める
	16	Success and Scale Bring Broad Responsibility: 成功と規模は広範な責任をもたらす

このようにミッション・ビジョン・バリューという構造を厳密に規定することで、「自分たちが何のために働いているのか」という使命を振り返ることができます。そして、どんな未来を目指すのかが明確になり、日々の働き方において何を大切にするかのまさに価値基準まで鮮明になる良さがあります。

らしさを紡ぐコピー化のコツ

ミッション・ビジョン・バリューによる企業「らしさ」の違いを感じよう。

ミッション、ビジョン、バリューのかけ算で、唯一無二のパーパスを

ここまで解説してきたミッション・ビジョン・バリューは段階構造になっているため、それぞれの役割を分けて、厳密に語っていける良さもあります。

しかし、チームで動く際はこの3つを混同してしまう人が出てきたり、なかなか細部まで解像度高く覚えられなかったりするという課題もまた生まれてきました。

たとえば、先ほどのアマゾンのバリュー（価値基準）は、働き方の行動指針としても明確でとても素晴らしいのですが、16ヵ条もあるため、なかなか覚えられないという人もいるのではないでしょうか。

そうしたミッション・ビジョン・バリューの複雑さを解決するために、もっとひとことでシンプルに言いたいという欲求が生まれてきました。

そこで、最近注目を集めているのが、企業の存在意義、つまり企業「らしさ」を「コピー化」したパーパスなのです。

「唯一無二」というと大げさに聞こえますが、じつはここまで見てきたこのミッション（使命）、ビジョン（未来像）、バリュー（価値基準）の**3つの掛け算を行なうだけで、その自分らしいパーパスは自然に紡ぐことができます。**

これはまさに先ほどやった「お寿司の自己紹介ワーク」において、それぞれが唯一無二の「らしさ」を自然に紡げることの理由でもあります。

「唯一無二」の存在になる。それは特殊なスキルを見つけるということでなくても、この3つをきちんと言語化して組み合わせるだけで、たどり着けるのです。それを理解した上で今後のワークに取り組めると、よりあなたらしい言葉が紡いでいけるでしょう。

経営的な観点でも、整理してみます。73ページの下の図のように、ミッション・ビジョン・バリューの土台が一番上のパーパスを支え、さらにその下に経営戦略や事業内容があります。皆さんは、パーパスにあたる1行をまずは見つけてみましょう。

ひとことで表せる言葉を見つけ、その言葉を起点に具体的な事業を整理していくのです。

自分らしさをコピー化したパーパスがあることで、自分や会社を経営する羅針盤にすることに繋がります。また脳内に検索ワードを持つように意識することができます。日々の中でAかBかを迷ったときにも、自分らしさのパーパスに近づくほうを選べばよいので、無駄な迷いを減らすこともできます。こうして、**言葉によって日々の判断を下すことができるようになるのです。**

僕の場合でいうと、「言葉を整え、ご縁を紡ぐ」といろんな場面で言っているので、「今の行動は、ご縁を紡ぐことに繋がっているかな?」という問いが、いつも意識に上がってきます。

だからこそ「言葉」や「言語化」などに関するキーワードの話題があると気になりますし、もちろん関連した書籍やコンテンツなどは自然と目に入ってきます。また、雑誌などのインタビュー記事を読んでいても「誰々さんのご縁で、道が繋がった」などのエピソードが勝手に目に飛び込んでくるようになります。

ミッション×ビジョン×バリュー＝パーパス

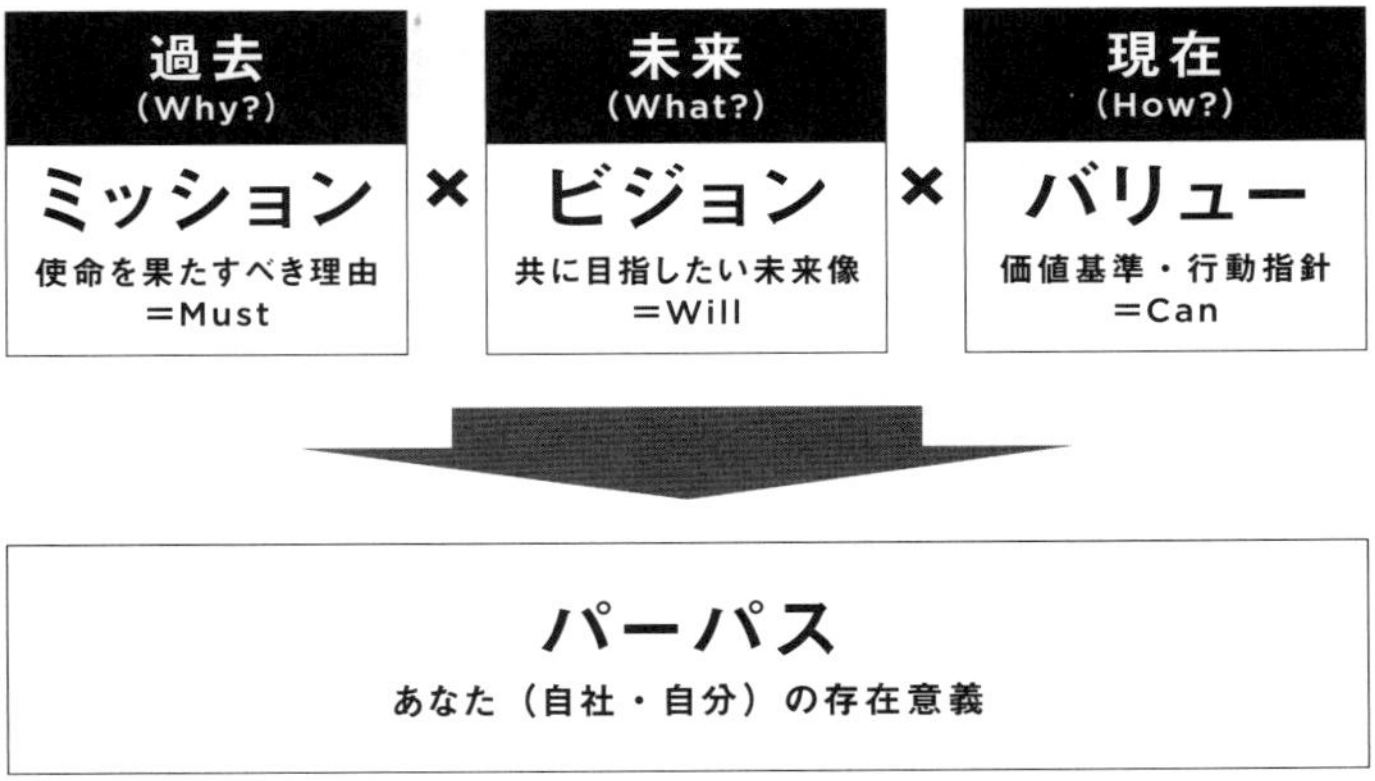

経営の全体像

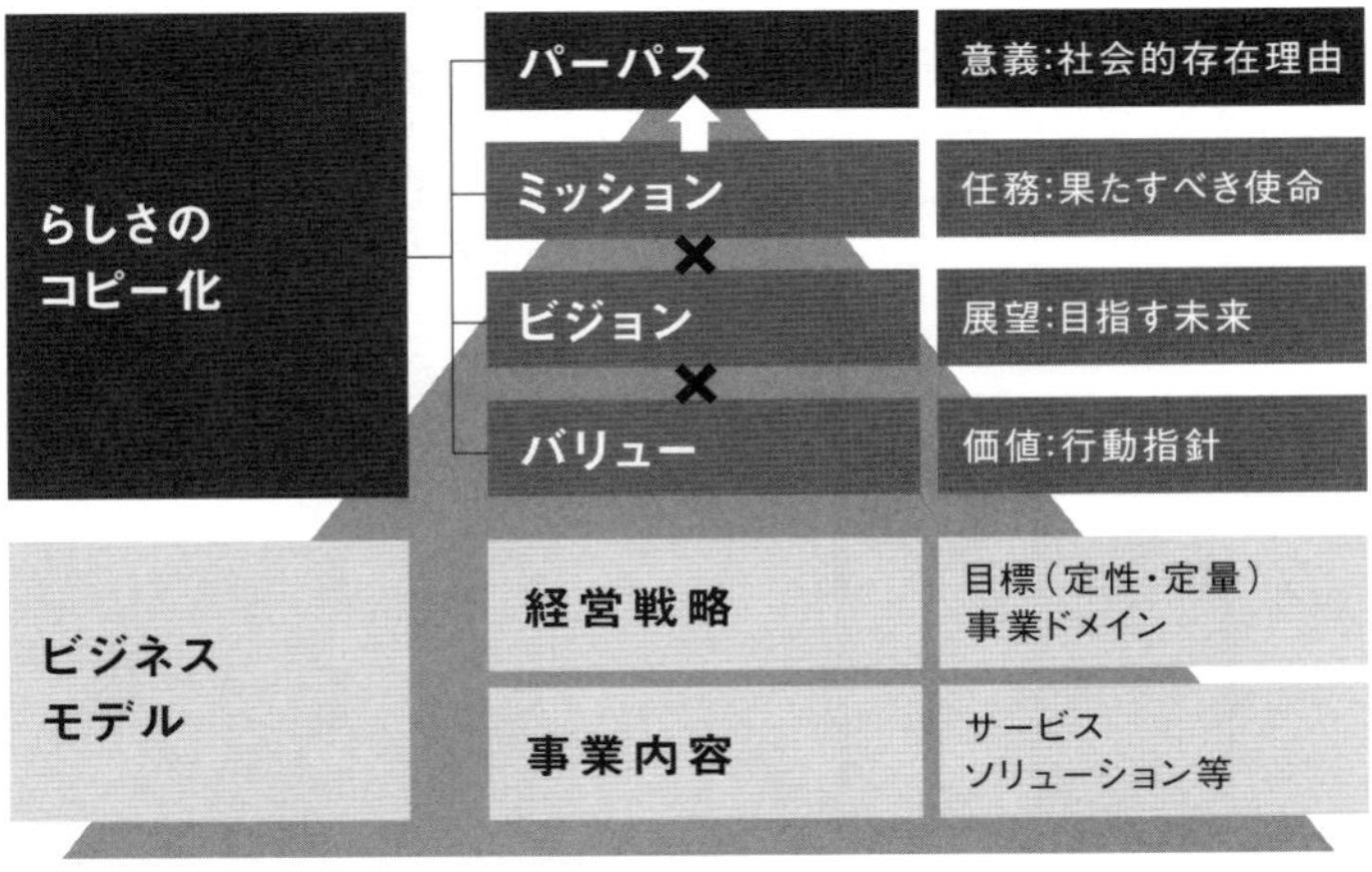

最近だとプロデューサーの仕事もまた、「その人らしさを言葉で魅力的に整え、その可能性というご縁を広げていく仕事」として捉えられるようになりました。

また自分のパーパスの軸が1つあることで、たくさんのことに振り回されずに、全集中できるため、エネルギーの無駄遣いがなくなります。

結果として、コピー化したパーパスを持っておくことは、人生を大きく好転させることになるのです。

らしさを紡ぐコピー化のコツ

使命・未来像・価値基準から、唯一無二の「らしさ」をコピー化しよう。

第2章

「らしさ」と「コピー化」の誤解

「らしさのコピー化」は、自分軸ではない

第2章では「らしさのコピー化」で起こりがちな誤解からお話ししていきます。「らしさのコピー化」を構成する「らしさ」と「コピー化」について、解像度を上げていきましょう。

まずは、自分らしさ、企業らしさなど当たり前に使われる「らしさ」という言葉から、深掘りしていきます。

いわゆる「自分らしさ」や「企業らしさ」は、一般的な「自分軸」のことではありません。たとえば、自分軸で発想すると、「自分のやりたいことは○○です」「自

分の得意なことは◯◯です」「大事にしている価値観は◯◯です」と自分視点で一方的、独りよがりに展開できてしまいます。

もちろん自分を知る「自己理解」をきちんと行なっておくことは、コピー化の前段階では大切なことです。

ちなみにここで気をつけていただきたいのは、**間違った解釈で自己理解をして自己満足にならないようにすること**です。

そこで、「らしさのコピー化」においては、相手の視点からも見ていくことが求められるのです。先ほどのお寿司でいえば、相手にとっておいしく一口で食べてもらえるものに昇華していくプロセスと捉えていただければと思います。

「らしさ」とは、「他人軸」ではない

先ほど「らしさ」とは「自分軸」ではないとお話ししましたが、逆に完全に他人

からの目線や「見た目」に合わせた「他人軸」で考えてしまうのも違います。

今の市場でどんな「らしさ」が求められるのかを徹底的にリサーチしてそこに自分を合わせていく発想では、短期的には人気者になれたり売れたりすることはあっても、いずれ消耗し、長くは続けられません。

第1章の「お寿司の自己紹介ワーク」でいえば、自分らしさがイカなのに、マグロの真似をしてもチグハグなだけなのです。

「らしさ」とは、「ありのまま」ではない

では「らしさ」とは、いわゆる「ありのまま」という言葉と同じでしょうか。僕はこの「ありのまま」という概念とも、厳密には違うと感じています。

もちろん、僕自身も凸凹《でこぼこ》ばかりでできないことも多く、ちゃんとそのダメな部分も含めて「自己受容」することは大切です。そして弱みに目を向けるのではなく、自

分の個性を大切にして取り組んでいくことが重要です。

しかし、世の中には「ありのまま」という言葉を勝手に拡大解釈して、ただ「頑張らなくていい」「楽できればいい」というニュアンスで受け取ってしまっている人もいます。

たとえば、僕自身もありのままで考えると、ひたすら家でゴロゴロして漫画を読んでいたいという自分も浮かび上がってきます。

では、いくら自分そのものを表現しているからといって、「ただひたすら漫画を読んで、家でゴロゴロしていたい」というパーパスを定めたらどうでしょう？

これは相手や社会にとっておいしいものだといえるでしょうか。自身に対しても、死ぬときに「もっと自分は何かできたのではないか」と後悔するはずです。

だからこそ、この「らしさのコピー化」は、ありたい理想の自分に一歩でも近づくために、日々心と行動の土壌を耕すという視点が含まれるのです。

続いては、「らしさのコピー化」における、後半部分である「コピー化」について深掘りします。

「コピー化」は、「見える化」ではない

「らしさのコピー化」において、「見える化」は準備段階にあります。

もちろん、あなた自身や自社について「らしさ」の輪郭を掴むために、見える化することは大切なステップです。しかし、1週間の時間の使い方を見える化したところで、それは単なるスケジュール帳やToDoリストでしかありません。

また、企業活動でも、財務諸表で数字を見える化したり、診断ツールで自社商品のポジショニングを見える化したりしても、それだけで人や組織が変わることはなかなかないでしょう。

だからこそ、「見える化」したことに満足せず、実際に人や組織を動かす「らしさ

のコピー化」のステップにまで取り組んでほしいのです。

「コピー化」は、「言語化」ではない

「らしさのコピー化」においては、言語化もコピー化の前の下準備の作業と捉えることができます。言語化と異なるのは、その対象とする領域です。

いわゆる言語化は、頭の中に浮かんだモヤモヤをとにかく出していくことに力点が置かれている場合が多いと思います。

扱うテーマも「今何に悩んでいるかの言語化」「自社商品が選ばれる理由の言語化」など、とにかく幅広いのです。しかし、すべてを言語化しようとするのは、膨大な作業量で正直キリがありません。

そこで「らしさのコピー化」では、とくに「らしさ」を構成する最重要要素である「パーパス（存在意義）」にフォーカスしていきます。

そして、そのパーパスを起点として、場合によってはミッション・ビジョン・バリューや具体的な事業を見直すきっかけにしていくのです。

「コピー化」は、「伝え方」ではない

最後に「らしさのコピー化」は、話し方や文章術など、伝え方のテクニックの話にとどまりません。もちろん背景として「コピーライティングの原則」は踏まえていますが、いわゆるセールス・テクニック集ではありません。

たとえば、伝え方の本では「プレゼンテーションでいかに流暢《りゅうちょう》に話すか」「デートに上手く誘うコツ」、セールスライティングの本では「心理学や行動経済学を用いて人をどう動かすか」など、主に顧客を対象にして語られています。

しかし、この**「らしさのコピー化」において、最初に「動かしたい」対象は自分**

自身です。そのために、コピーライティングというよりも、むしろセルフコーチング的に内省し、自分を見つめることを重視しています。

そしてもちろんその先に、実際に、相手や社会からも「おいしい」と感じてもらえるところまで目線を広げています。

そのために、「私」から「あなた」へ。そして「私たち」へと、視座を上げて、常に立ち返るべき羅針盤を紡ぐこと。その理想に向けて、志を耕していくことまでを意図して設計しています。

以上、あらためて誤解しがちな「らしさのコピー化」を整理しましょう。

「らしさ」とは、

「自分軸」や「他人軸」や「ありのまま」ではなく、

「自分と相手とのあいだで、おいしく満たし合える理想のあり方」を耕すもの。

「コピー化」とは、
「見える化」や「言語化」や「伝え方」ではなく、

「言葉を整えることで、存在意義を明確にし、ワクワクする羅針盤」を紡ぐもの。

いかがですか？
「らしさのコピー化」の本質が少しずつ見えてきたのではないでしょうか。

心は、目に見えない。
言葉は、目に見える。

だからこそ、「言葉を整える」ことを通じて、志で土壌を耕し「心を整える」ことができるのです。

この「らしさのコピー化」だけは、どこかから借りてきた言葉やＡＩに頼らず、自分の内面とじっくり向き合って、言葉を紡ぎ出してもらいたいと思います。

らしさを紡ぐコピー化のコツ

自分と相手とのあいだで、おいしく満たし合える理想としての存在意義を紡ごう。

自分らしさをコピー化するヒントは「お寿司」にある

ここまで「らしさのコピー化」の誤解について話をしてきました。

ちなみに、第1章の「お寿司の自己紹介ワーク」でモチーフにしたお寿司もかつては海外で誤解されていた食べ物の代表格でした。

そもそも生魚を食べる習慣がなかった西洋人からは、「生魚をそのまま食べるなんて、クレイジーだ」と誤解されていたわけです。

しかし、今や世界に浸透した日本食の代表格がお寿司です。実際にアジアだけでなく、ヨーロッパの街中でも高い確率で「ＳＵＳＨＩ」の看板を見かけます。

そこで、「お寿司がなぜ世界でこれほど広がる日本食になったのか?」について考えてみます。それは、「らしさのコピー化」においても大きなヒントとなるのではないかと思うからです。

さあ、あなたも「お寿司が世界に広がった理由」を考えてみましょう。

僕は、主に3つの理由を挙げることができると思います。

①おいしいこと

②素のままであること

③志があること

それぞれ解説しながら、「らしさのコピー化」のヒントを得ていきましょう。

①お寿司のように「おいしい」コピー化を目指そう

やはりなんといっても、お寿司が広がった一番の理由は「おいしい」ということにありますよね。

お寿司は、いろんなネタがあって多様。おそらく誰でもどれか1つくらいは好きなネタがあるのではないでしょうか。

たとえば、魚や肉が食べられないヴィーガンの人でも食べられるように、芽ねぎなどのように動物性食品を使用していない寿司ネタもあります。

また、生魚に慣れていない子供でも食べられる納豆巻きや玉子などの寿司もあります。そんなふうに多様性を受け入れる柔軟さがあり、かつ、おいしいからこそ寿司は世界に広がったのです。

ちなみにこの「おいしい」ということは、とても重要です。自分のキャッチコピーを伝えたとき、お寿司のように相手にとって「おいしい」と思ってもらえる言葉でないと意味がありませんよね？

僕は漫画が好きなのですが、「漫画が好きな、家でゴロゴロしていたい堤です」と言っても、それは相手が何のメリットも感じない「まずい」コピー化です。

一方で、「言葉を整え、ご縁を紡ぐ仕事をしている堤です」と伝えると、「なるほど。この人は、自分のキャッチコピーを考えたいときに相談に乗ってもらえるかもしれない。繋がっておこう」と相手に思ってもらうことができます。

まずは**「おいしい」というメリットに繋がる、相手にとって良い変化を与えられるか、考えることはとても大事**です。

②お寿司のように「素材の良さを活かした」コピー化を目指そう

次に、できるだけ「素材そのまま」であること。

お寿司は基本的にシャリとネタというシンプルな構成だからこそ、脂ののったマグロ、プリプリのエビ、透明感のあるイカ、ふっくらとした玉子など、それぞれの素材の味わいがダイレクトに活きてきます。

心構えとして、**自分や自社という素材の良さを活かしてコピーをつくろうとする姿勢が大切**です。普段自分が使わない難しい単語を使ってコピー化したり、自分にない要素を無理やり足したりする必要はないのです。

むしろ、お寿司のように、自分の一番の素のままのネタを活かすという考え方をしていくことが重要です。

③ お寿司のように「志のある」コピー化を目指そう

ちなみにあなたは、寿司の漢字の由来を知っていますか？

もともとは「熟《な》れずし」という保存食に起源があります。そこから酢に浸して保存する料理法が広まり、その後、魚の旨い食べ方として「鮨」という漢字が当てられるようになりました。

おいしいと評判になった鮨は、祝いの席でお殿様に献上される食べ物へとなっていきました。それからまさに「寿《ことぶき》を司る」という漢字が当てられるようになったのです。

そのためお寿司というのは、おいしいだけではなく、そこに「祝いを司る」という志が込められている特別な食べ物なのです。

単なる言葉遊びではなく、**「志のある言葉」**として捉えると、**「パーパス」という、一見大げさにも捉えられる領域のコピー化に踏み込む理由も見えてきます。**

過去の原体験と、今の自分と、未来の理想をひと繋ぎにし、現在の自分なりの人生を清算するようなひとことを紡ぐこと。

今の自分を卑下するのでもなく、無理なゴールを掲げるのでもなく、自分の背筋が少しだけシャンとするような、心の土壌を耕すような、そんな言葉のお守りを紡ぎ出すこと。

「らしさのコピー化」とは、そんな祈りにも似たプロセスなのです。

いかがでしょうか？　ここではお寿司のように、言葉が世界に愛されるヒントを語ってきました。「らしさのコピー化」のコツは、「おすし」にある。

お　おいしい
す　素（す）のままの
し　志（こころざし）

と覚えていただけたら幸いです。

らしさを紡ぐコピー化のコツ

世界で愛されるお寿司のように、
あなたの「おいしい素のままの志」をコピー化しよう。

コピー化の指針となる「SUSHIチェックリスト」

この章では、「らしさのコピー化」の誤解について、寿司をヒントに解説してきました。

それではこの章の最後に、「らしさのコピー化」における指針として使えるチェックリストをまとめてお伝えしていきます。

☑ Simple（シンプル） → わかりやすいか？

「賢く見られたいな」などと考えて、言葉をこねくり回していませんか？ 自分の普段使っていない言葉を使っても、言葉は上滑りしてしまうだけです。

☑ Useful（ユースフル）→機能するか？

なんとなくカッコ良さそうなど、雰囲気で言葉を紡いでいませんか？

あくまでもパーパスは、それが自分やチームが行動する際の選択基準になるなど、きちんと役に立つツールとして機能する必要があります。

雰囲気の良い言葉をつくったとしても、それが実際にあなたや周りの人の行動に影響するものでなければ、意味がありません。それは一見、寿司に見えても食べられない食品サンプルのようなものです。

☑ Small（スモール）→ひとくちサイズか？

あれも言いたい、これも言いたいと、詰め込んでいませんか。ちゃんとひとくちで食べられるサイズでなければ、相手に覚えてもらうことはできません。また、ちょうど良い言葉の長さを意識してみてください。

☑ Happiness（ハピネス）　↓おいしいか？

先ほどのおいしいにも繋がりますが、それがちゃんと相手を笑顔にするようなハピネスな言葉であるかを考えることは大切です。

☑ Identity（アイデンティティ）　↓個性が活きているか？

普段のあなたの口ぐせや、仕事でよく使っている単語が、あなたらしさの原石だったりします。無理に差別化しようとしなくても、あなたの身近にそのアイデンテ

「らしさのコピー化」のための

SUSHIチェックリスト

☑ Simple（シンプル）
：わかりやすいか？

☑ Useful（ユースフル）
：機能するか？

☑ Small（スモール）
：ひとくちサイズか？

☑ Happiness（ハピネス）
：おいしいか？

☑ Identity（アイデンティティ）
：個性が活きているか？

イティを表すような言葉は転がっているはずです。

97ページのリストを指針として、コピーをつくったり、つくったあとにコピーを改善したりする際に活用していただけたらと思います。

次章からいよいよ、自分らしい言葉を握っていきます。

らしさを紡ぐコピー化のコツ

5つの英単語SUSHIに基づいて、コピー化した言葉をチェックしてみよう。

頭文字を取って、僕はFOCUS（フォーカス）と名付けました。あくまでも僕のオリジナルのイメージではありますが、らしさをミッション・ビジョン・バリュー、そして最終的に「パーパス（存在意義）」へとフォーカスしていくというイメージから来ています。

お寿司で考えると、最初に現状の見える化による「ネタ探し」から始まり、その素材を言語化による下ごしらえという「調理」を行ないます。

そしていよいよコピー化によって、おいしい変化に繋がる言葉を選択する「握り」の段階に進みます。

それから細部までこだわる進化の「盛り付け」を経て、最後はその「らしさ」が文化になるように味わう「実食」にたどり着く、というイメージです。

それでは具体的にビジネス・コーチングの分野で躍進しているスタートアップ企

業であるZaPASSにおけるミッション・ビジョン・バリューのリニューアルに関わった事例を紐解きます。らしさをコピー化していく具体的な手順を実感していただければと思います。

らしさを紡ぐコピー化のコツ

ネタを探し（見える化）、調理（言語化）を行ない、握り（変化）、盛り付け（進化）、実食（文化）のステップで言葉を紡ごう。

「らしさ」を紡ぐ「コピー化」のステップ

【準備】 見える化 ↓ 言語化	ステップ 1	**見える化（Find）** 傾聴や内省でネタを 「見える化」する➡**ネタ探し**
	ステップ 2	**言語化（Open）** イメージを広げながら 「言語化」する➡**調理**
【本番】 コピー化	ステップ 3	**変化（Choose）** 言葉を選択しおいしい 「変化」をつくる➡**握り**
	ステップ 4	**進化（Update）** 細部を磨き上げながら 「進化」させる➡**盛り付け**
	ステップ 5	**文化（Share）** 口に出し味わいながら 「文化」にしてゆく➡**実食**

ステップ

1

Find

傾聴や内省でネタを「見える化」する⇩ネタ探し

まずは傾聴や内省を通じて、企業や個人の願いを「見える化」するステップです。このステップはコーチングを通じて、傾聴と質問によって相手から引き出しながら行なう方法と、日記やジャーナリングを通じて自分一人で生み出す方法があります。

コーチング事業を展開するZaPASSの場合は、創業者の足立愛樹《あだちあいき》さんがまず設立の想いを語り、さらに約10名のメンバーでともに意見を出し合いつくりあげるワークショップがオンライン形式で行なわれました。

僕はこのミッション・ビジョン・バリュー創出のワークショップを、複数回にわたってファシリテーションとコピーライティングの面でサポートすることになりました。

最初は、ミッション・ビジョン・バリューの核となる要素を「見つめる」作業からです。

ZaPASSの場合は、既に設立時に仮で立てていたミッション・ビジョン・バリューがありました。そこでまずは、その言葉の裏側にある感情にフォーカスして、想いについて話を聞くところからスタートしました。

ミッション

価値の創出・循環・共有を通して、今日より楽しみな明日を創る

ビジョン

自分らしい人生を生きる大人、笑顔に溢れる家庭、大人になることが楽しみな子

供、に溢れる社会を実現する

バリュー

1 優しくて、強い

2 価値を創造し、循環させる

3 誰よりも、自分が楽しむ

あなたはこれらのミッション・ビジョン・バリューを見て、どのように感じましたか？

僕自身、設立メンバーの想いや原体験を聞くと心を打たれましたし、実現したいという意志は大いに伝わってきました。

ただ、せっかく素晴らしい想いを持って設立・運営している事業だからこそ、ミッション・ビジョン・バリューの解像度を上げればより、経営をドライブさせるものになると思いました。

では現状のミッション・ビジョン・バリューについて確認する際に、見るべきポイントは何でしょうか。それは先述した「SUSHIチェックリスト」の5つのポイントです。

☑ **Simple（シンプル）→わかりやすいか？**
☑ **Useful（ユースフル）→機能するか？**
☑ **Small（スモール）→ひとくちサイズか？**
☑ **Happiness（ハピネス）→おいしいか？**
☑ **Identity（アイデンティティ）→個性が活きているか？**

このチェックリストで診断してみると、当初のミッション・ビジョン・バリューは、内省して出されている言葉であるからこそ、きちんと足立さんやメンバーの願いなどから生まれており、5番目の「アイデンティティ」に関しては、ある程度満たされていると思いました。

しかし、その他のチェック項目で見てみると、厳しめの評価をせざるをえませんでした。

じつは今回のワークショップの始まりに、「今あるミッション・ビジョン・バリューは、どのようなものですか？」と尋ねた際に誰もうまく答えられなかったのです。

つまり、個性的で想いは込められているものの、まず「わかりにくい」。

そのため、経営判断や普段の会話でも使われず、「機能していない」。

さらに、ミッション・ビジョン・バリュー、それぞれの一文が長く、「ひとくちサイズではない」。

そして、創出・循環・共有など堅く抽象的な言葉が多いため、「おいしい変化」が感じられないものになっていました。

こうした点は多くの企業が、陥りがちなポイントでもあります。

だからこそ、パーパスやミッション・ビジョン・バリューを策定する際は、「SUSHIチェックリスト」の5つの指標で、きちんと診断していくことが必要なのです。


そこで僕はあらためてメンバーから、そもそものミッション・ビジョン・バリューを策定した当時の想いについて、傾聴することからスタートしました。

言語以外の感情を取りこぼさぬように、できるだけ丁寧に想いを聞いていきました。なお個人ワークをされる方のために、次に自分や自社を「見つめる」際の質問の例を紹介しておきます。

■想いを引き出す質問例

ミッション編

Q・絶対に成し遂げたい使命は何ですか？

Q・なぜ、この仕事や事業に取り組んでいるのですか？

Q・忘れられない原体験とは、どんなものでしたか？

ビジョン編

Q・どんな未来を実現したいですか？

Q・理想的な状態というと、どんなことを思い浮かべますか？

Q・理想がかなっていたとしたら、朝から夜までどんな1日を過ごしていますか？

バリュー編

Q・どんなものに価値を見出していますか？

Q・行動する際に指針としていることは、どのようなものですか？

Q・迷ったときに何を基準に答えを決めていますか？

以下は、ZaPASSのメンバーにヒアリングする中から出てきた、ミッション・ビジョン・バリューに関するキーワードメモの抜粋です。

コーチングだけでない。今までと違った登り方で山に登りたい／閉塞感がない世界／パスが行き交う自由な世界／飾らなくていい／やりたいことをやる／明日・未来が楽しみ／満たされた自分の先にある未来、他の誰でもない自分を味わう世界へ／子供がわかっている・笑っている／共感しながら楽しむ／スポットライト／境界のない世界／誰もが肯定される／感情を大切にし合う繋がり／

子供の感じている感覚が、世界を象徴している／本音を出せる、繕《つくろ》う必要がない／足るを知る／座標の原点である／本来の自分に、スポットライトを当てる／市場の中での交換で関係性が切れる→ＰＡＳＳという贈与で関係性が途切れず増幅していく

今回は約10名のメンバーが関わっているため、それぞれが込めたい想い、出てくる言葉の粒度は違います。

ただしステップ１では、それぞれの言葉をうまく整理する必要はありません。思いつくままに、まとまっていない言葉を出していただくカタチで大丈夫です。

それよりも**問いを受け、自分の中から溢れ出てきた言葉や感情を、すべて出し切ることのほうが大切です。**

そしてコーチ側には、想いを「聞ききる」という覚悟が大事です。

もし個人ワークとして自分自身で内省して行なう場合は、紙やノートにまずは思

い浮かんだ思考をとにかく書き出していくことを心がけましょう。
スッキリと自分の感情を出せた、と感じるところにたどり着くことがまずは何よりも大事なのです。

らしさを紡ぐコピー化のコツ

まずは対話や内省で、「見える化」していく、「ネタ探し」から始めよう。

ステップ

2

Open

イメージを広げながら「言語化」する

⇩調理

次は各自の「願い」をベースに企業や個人のあり方のコアとなるイメージを思い浮かべ、イメージの扉を開ける「言語化」へと進みます。

それぞれの視点から多角的な視座を集めることで、何かのモチーフにたとえたり、連想しながらピンと来るコンセプトや実現したい世界観を発想したりしていきます。

先ほどミッション・ビジョン・バリューを山登りにおきかえたように、企業や個人も今自分が目指すもの、やっている事業の本質を何かのメタファーとして思い浮かべるのがコツです。

これには右脳的な感覚をもとにインスピレーションを受け取る意識が大切です。

今回は言語化された言葉をもとに、自分と相手、先祖と次世代など、縦軸、横軸だけではなくさまざまな関係で想いを繋いでいくようなイメージが生まれてきました。

また、メンバーとのブレストでイメージの扉を開く中で、メンバーの中からは次のようなイメージも浮かんできていました。

・バトンやパスを回すようなイメージ
・光を当てるライトや照明のようなイメージ

このように**言葉のイメージをビジュアルに転換して考えていくことは、その先の解像度を上げる際にとても有効な手段です。**ぜひステップ1で書き出した言葉をもとに浮かんだイメージを紙に描いてみてください。ここでも個人ワークをされる方のために、ステップ2の質問例を記載しておきます。

Q・ステップ1で書き出した言葉をあらためて見たときに、自分の中に浮かんできたイメージは何ですか？

Q・ミッション・ビジョン・バリューを何かにたとえるとしたら？

らしさを紡ぐコピー化のコツ

イメージを言語化し、ネタの下ごしらえとなる調理の段階へと進もう。

ステップ

3

Choose

言葉を選択し おいしい「変化」をつくる

⇩ 握り

3つ目のステップは、いよいよコピー化によって、おいしい変化をつくる段階です。できればステップ1、2から数日〜数週間、間隔をあけてアイデアや思考を熟成させた上でステップ3に入るのがいいでしょう。

理由としては、アイデアが浮かんだ直後は冷静に判断できないからです。だからこそ少し冷静な頭で今回は浮かんできたイメージを熟成させ、それから分類し、取捨選択していくのです。

そこでこの段階では、僕からもここまで傾聴していく中で感じたイメージをもとに、キャッチコピーを提案してワークショップ内での対話を促しました。

「コーチング講座などの事業を通じて、自分と相手、大人と子供、過去と未来など、多くの関係において、想いが循環し繋がっていく関係をつくること。そのためにありのままの人間性を大切に、優しく強く、楽しくあること」

前回のステップ2で出たバトンやパスを回すイメージと、光を与えるイメージを発展させ、またZaPASSメンバーの声を反映させコピーを提案しました。

ワークショップではいくつかの方向性を提示したのですが、とくに反応が良かったのは次の2方向でした。

A　人生に、スルーパスを。

これはサッカーのパス回しのようなイメージです。コーチングというサービスを通じて、クライアントにとってのサプライズをつくるように、想いのパスを通すビジュアルが浮かんできます。

B　可能性を、灯《とも》そう。

これは一人ひとりの人間性や可能性に光を当て、キャンドルの火を灯していくようなイメージでした。メンバーに話を聞く中で「光を当てる」というイメージが出てきたことから着想し、発展させたコピーです。

なおこの段階のコピーはその後の方向性を絞っていくためのリトマス紙のようなものです。何らかの仮案があることで、反応を知ることができます。

たとえば、こうした言葉を提示すると「あ、この方向性はしっくり来るな」とか、「意外とこの視点は違うな」と自分たちのイメージを肌感覚で感じることができます。

ちなみにワークショップでは、2つのイメージ、「サッカー派」と「キャンドルライト派」で意見が分かれました。

こうしたキャッチコピーを軸にメンバー同士でやりとりする中で、互いに何に引っ掛かりがあるかが見えてきます。

また、言葉でイメージをブレストする中で、自分たちがより大事にしたい価値観について認識が深まっていきます。

こうしてその後の核となるモチーフやキーワードを見つけ、周辺にある言葉を分類し取捨選択していきます。

その際には、**似ている要素を整理し、重要な言葉のみに絞ることが大切です。**ZaPASSの場合は、次ページのような形になりました。

「同じような言葉や単語が何度も登場している」ということなどがわかってくると

ZaPASS
ミッション・ビジョン・バリュー候補（絞り込みシート）

MISSION Why?＝Must 果たすべき使命・理由	1	解放：自分が抑圧してきたものに光を当てる。 （内的なもの・抑圧したものを解放する）
	2	取り戻す：人間らしさを取り戻させる場所 （自分を縛ったり、失われた人間性を取り戻す。）
	3	循環：エネルギーを循環させる。湧き上がるエネルギーの伝播。エネルギーを循環。元気になる
	4	信じる：人生の自分事化・自分を信じられるようになる。
	5	可能性：火をおこす、灯す、消えかけている火こそ、支える。
Vision What?＝Will 共に目指したい未来	1	人生に、スルーパスを。
	2	可能性を、灯そう。
	3	可能性に光が当たる世界を。
	4	手放そう。繋げよう。
	5	信頼できるコーチがいる。信頼されるコーチになれる。
	6	共感で、日本を動かす。
Value How?＝Can 価値基準・行動指針	1	感情： 人間らしさ、感情、感性、感覚を大事にする。感情から始める。 感情を味わい感覚を信じ、世界一、人間らしさに向き合っていく。 感じるものを大事にする、自分が心から良いと思えているか？ 感情のセンサーを磨く、感情を味わい感覚を信じる
	2	大切にしたいことを大切にする、目に見えないものを信じる、目に見えるものに頼らない
	3	対話：対話し続ける／向き合い続ける、対話は投資、対話にこだわる。伝わると信じる、命の投資
	4	第3の道を探し続ける：トレードオフを疑う
	5	人間らしく：人の可能性を見落とさない、人間らしく働けているか？
	6	自分から逃げない、真摯に向き合う
	7	先に信頼する

思います。その場合、同じような内容を語っているものは思い切って、1つに集約しましょう。

いくら大事にしたい価値観だとしても、あまりに多くの内容を盛り込みすぎては覚えきれません。覚えきれなければ、結果として機能しないものになってしまいます。だからこそ、本当にかなえたいビジョンは何なのか、その理由は何なのか、何に価値を置き行動するのかを、突きつめて考えていくことが大事なのです。

ちなみにこの「Choose（選択）」のステップ3もコーチングやワークショップ形式でなく、個人ワークとしての実施も可能です。

自己内省で進める場合は、下記の質問を自分に問うてみてください。こちらがこのステップでの質問リストとなります。

Q・かなえたいビジョン候補において、どれがもっともイメージに近いか？

Q・果たすべきミッション候補において、一番使命感が湧いてくるものは？
Q・行動指針となるバリュー候補において、もし絞り込むならどれを残す？

らしさを紡ぐコピー化のコツ

適切な言葉を選択し、おいしい「変化」をつくりだす「握り」へと進もう。

ステップ

4

Update

細部を磨き上げながら「進化」させる

⇩盛り付け

ここまで来たら、コピーをミッション・ビジョン・バリューのそれぞれに分類し、絞り込んだ言葉に対して、単語レベルで解像度を上げて進化させていく段階となります。

それでは、実際にZaPASSのミッション・ビジョン・バリューのビフォーとアフターを見てみましょう。

［旧ビジョン］

自分らしい人生を生きる大人、笑顔に溢れる家庭、大人になることが楽しみな子供、に溢れる社会を実現する

【新ビジョン】

自分らしく笑える大人と、未来が楽しみな子どものために。

ビジョンに関しては、創業者の足立さんにもともと強い原体験があり、旧ビジョンで示した世界観に対して強いこだわりがありました。対話を重ねた結果、この部分に関してはできるだけその想いを純度高く表現したいという結論になりました。

そのため奇《き》をてらわず、シンプルに削ぎ落として表現することにフォーカスしました。そして「自分らしい人生を生きる大人」と「笑顔に溢れる家庭」の要素の重

複部分を削ぎ落とし、大人と子供という覚えやすい対比の中で上記のビジョンにまとめました。

［旧ミッション］

価値の創出・循環・共有を通して、今日より楽しみな明日を創る

［新ミッション］

可能性のＰＡＳＳで、世界に幸せをめぐらせる。

もともとのミッションは、「価値の創出・循環・共有」という難しい表現でしたが、対話の中で「人間の可能性の最大化」を願う、想いをパスしあうという表現が生み出されてきました。

さらには「可能性のＰＡＳＳ」が循環することによって、幸せがめぐっていくと

いう視点へ昇華されていきました。

こうしてビフォーアフターを見比べてみると、旧ミッションがさまざまな業界に当てはまりそうなものであるのに比べ、新ミッションでは「可能性のPASS」という単語により、コーチング事業を行なうZaPASSらしさが加わっています。

バリューに関しても、当初の3つの言葉をより的確に磨き、機能するものへと昇華させていきました。

[旧バリュー]

1 優しくて、強い
2 価値を創造し、循環させる
3 誰よりも、自分が楽しむ

【新バリュー】

1 **感情からはじめる**

2 **対話でつながる**

3 **Z軸を求める**

たとえば「優しくて、強い」といわれても、なかなか普段の打ち合わせなどで機能しているイメージが持ちにくいことがあります。

しかし「感情からはじめる」というバリューであれば、データだけでは判断がつかないシーンで、「まずはどちらがワクワクする選択肢か、もしくは『感情からはじめる』のはどうかな？」と活用できるイメージが湧きます。

また、「価値を創造し、循環させる」という抽象的すぎる表現が、「対話でつながる」という言葉に変わることで、普段の仕事の進め方もより対話を重視したものへと変わります。

そして、コーチング事業や教育事業など、対話を軸とした事業が発展していくことにも繫がっていきます。

さらに、「誰よりも、自分が楽しむ」という個人的な視点のバリューも使いづらい言葉でした。

そこでXY軸を超えた「Z軸を求める」というキーワードであれば、AかBかで迷ったときに自分のエゴだけを通すのではなく、妥協するのでもなく、新しい第3の案を捻《ひね》り出すという行為を奨励することができます。

このように、**バリューは経営判断に定着しやすいものであれば、より機能するものとなります。**

言葉を磨き上げていく過程で、自分たちが大切にしている価値観は鮮明になっていきます。だからこそ単語の使い方や文章構成などについても気を配りましょう。

自分たちにとってより馴染《なじ》みの深い言葉をチョイスすることが大事です。なんとなく外来語でまとめたほうがカッコ良さそうなどと決めてしまうと、普段の会話の中でミッション・ビジョン・バリューが言葉として登場せず、結果的に企業文化としては浸透しません。

だからこそ自分たちらしい言葉を選べているかが、大変重要なのです。ぜひ、じっくりと血の通った言葉へと磨き上げてゆきましょう。

このステップ4でも、コーチングやグループワークではなく個人ワークで取り組む場合に参考となる問いを紹介しておきます。

Q・単語の使い方は適切か？　もっと自分たちらしい単語がないか？

Q・文章をもっとシンプルにできないか

Q・想いや意図までを削りすぎていないか？

らしさを紡ぐコピー化のコツ

細部にまで目を光らせ言葉を進化させる、「盛り付け」にこだわろう。

ステップ
5
Share

口に出し味わいながら「文化」にしてゆく ⇩ 実食

そして最後の仕上げは、ミッション・ビジョン・バリュー、そしてパーパスを軸に1つの「ステートメント（宣言文）」に落とし込む段階です。これは口に出して味わいながら自分たちらしい文化に育っていく段階となります。

ここではステートメントにまとめた際に、ストーリーとして成立するかを確認することが大変重要です。

なぜなら、そもそもミッション・ビジョン・バリューは交互に関連し合うものであるからこそ、ステートメントとしてまとめた際に重複する部分や辻褄《つじつま》が合わない部分がないかを最終確認するのです。

ステートメントの構成はいくつかの型がありますが、もっとも基本的な構造を紹介します。

ビジョン　：○○（What?/Will）という未来のゴールの実現を目指し、
ミッション：△△（Why?/Must）という使命感を持ち、
バリュー　：□□（How?/Can）という行動を起こしていく。

＋

「らしさのコピー化」したひとこと（パーパス他）：☆☆
企業名（個人名）

ではこの型に沿って、今回のZaPASSのミッション・ビジョン・バリューを配置してみましょう。
ステップ4でつくった、ミッション・ビジョン・バリューを一連のステートメントとして構造的に整理すると、目指す未来に向けての具体的な行動や理由、ストーリーがきちんと見えてきます。

こうしてステートメント化することで、ミッション・ビジョン・バリューで重複している部分がないか、また**ロジック面でも感情面でも一貫性があるかを確認する**のです。

ステートメント化は、他の人に伝える際に1つの物語としての構成とすること。単にミッション・ビジョン・バリュー単体を紹介するより、誤解なく想いを伝えられるメリットもあります。

そしてミッション×ビジョン×バリューの掛け算としての、「らしさのコピー化」

自分らしく笑える大人と、
未来が楽しみな子どものために。

ビジョン
（未来）

私たちは、感情からはじめ、対話でつながり、
XとYだけの社会に新たな“Z軸”を提案する。

バリュー
（行動指針）

可能性のPASSで、世界に幸せをめぐらせる。

ミッション
（使命）

パスを、贈ろう。

パーパス
（キャッチコピー・タグライン）

ZaPASS

企業名・個人名

を行ないます。これらをひとことでまとめたキャッチコピーを最後に加えたいと思います。これは「パーパス」という場合もありますし、広告として活用する場合は企業ロゴの隣に置かれる「タグライン」と呼ばれる場合もあります（「ココロも満タンに　コスモ石油」、「目の付けどころがシャープでしょ。シャープ」のようなものです）。

パーパスを設定せず、ミッション・ビジョン・バリューだけのステートメントでも成り立ちますが、今回であればZaPASSの名前の由来や、これらのミッション・ビジョン・バリューをひとことでまとめたパーパスがあるほうが、使い勝手が良いと考えました。

パスを、贈ろう。
PASS THE "HAPPINESS" AROUND.
ZaPASS

このシンプルな言葉である「パスを、贈ろう」には、「人生に、スルーパスを」が持っていた「パス回し」のイメージを加えています。

また、ZaPASSが実現しようとする想いの連鎖を表すために、「送ろう」という文字を「贈ろう」というギフト感のある言葉に変更しました。

この「贈ろう」というほっこりする言葉には、感情を大事にして笑顔や幸せのために行動する「明かりを灯す」ニュアンスも重ねました。

そして、「パスを贈ろう」ではなく「パスを、贈ろう」とあえて読点を入れることで、相手のことを一呼吸置いて思いやる、そんな「贈る」ニュアンスを付加しています。

ちなみに企業版「らしさのコピー化」のあとで、代表取締役CEOの足立さんからいただいた感想も紹介しましょう。

「組織全体が1つにまとまるMVV（ミッション・ビジョン・バリュー）を言語化していただきました。自分自身も人生を通じて大事にしてきたことを改めて言語化できて迷いやブレがなくなりましたし、その言葉で多くの仲間、関係者と共通認識を持って仕事ができています。業績もMVVを策定する以前から比べると2〜3倍に成長しています」

「自分自身の根本に大事にしたい価値観や想いがある方、その想いを言葉にうまくしきれていないと感じている方にはぜひおすすめしたいです。経営者や組織のリーダーは、自分だけでなくチーム全体と価値観を共有する役割を持っていることから、とくにおすすめです」

以上、「らしさのコピー化」の具体的な5つのステップを解説してきました。

①Find（傾聴や内省でネタを「見える化」する）
②Open（イメージを広げながら「言語化」する）
③Choose（言葉を選択しおいしい「変化」をつくる）
④Update（細部を磨き上げながら「進化」させる）
⑤Share（口に出し味わいながら「文化」にしてゆく）

これら5つの段階で、パーパスをはじめ、ミッション・ビジョン・バリューにフォーカス（FOCUS）していくことがイメージできたかと思います。

もちろん、1回でうまく言語化できない場合もあります。

そんな場合は、またステップ1に戻り、納得いくまで1から5のステップを繰り返して精度を上げていただければと思います。

らしさを紡ぐコピー化のコツ

紡いだ言葉が自分たちの「文化」になるように、日々味わい、実食しよう。

第4章

「らしさ」を紡ぐコピーの活かし方

「らしさのコピー化」から見えてくる、巨大テック企業の戦略と戦術

この章では、「らしさのコピー化」した言葉を戦略や戦術にどう活かしていくかについてお話ししていきましょう。

まずは現代のテクノロジー業界において大きな影響力を持つ大手企業5社、通称GAFAM（グーグル、アップル、フェイスブック〈現・メタ〉、アマゾン、マイクロソフト）から見ていきましょう。

グーグルは、**「世界中の情報を整理し、アクセス可能で役に立つようにする」**。こ

GAFAMの「らしさ」

Google
世界中の情報を整理し、アクセス可能で役に立つようにする
Apple
Think different（発想を変える）
Facebook
bring the world closer together （世界の繋がりをより密に）
Amazon
The Everything Store（すべてを売る店）
Microsoft
地球上のすべての個人とすべての組織が、 より多くのことを達成できるようにする

のミッションがすべての事業に通じているため、グーグルのツールには、インフラ的な簡潔さへのこだわりが息づいています。

一方でアップルの「**Think different**（**発想を変える**）」には、テクノロジー企業というよりも、アートや高級ブランドのような哲学性を感じられます。これにはスティーブ・ジョブズの思想が色濃く反映されており、実際に高付加価値による高い利益を確保しているため、ラグジュアリーブランドのあり方に似ています。

フェイスブック（メタ社）に関しては、「**bring the world closer together**（**世界の繋がりをより密に**）」を掲げているため、ＳＮＳにおいてインスタグラムなど積極的な買収を繰り返し、ＳＮＳやメタバース空間の覇権を握ろうと動いています。

アマゾンの「**The Everything Store**（**すべてを売る店**）」というビジョン。これはまさに世界最大のアマゾン川のように最大の流通量を確保するべく、小売におけるすべてを飲み込もうとしています。

マイクロソフトのミッションである**「地球上のすべての個人とすべての組織が、より多くのことを達成できるようにする」**は、組織という単語を使っているところから法人のビジネスツールをベースに進化してきたことがうかがえます。

このように、米国系テクノロジー企業といっても、その特徴はまさにその「らしさ」を表すミッション・ビジョン・バリューや、パーパスから見えてくるのです。そして今後のビジネスでより強めていく方向性や未来の展望も、こうした「らしさのコピー化」を読み解いていくとイメージしやすくなることでしょう。

ちなみに同じＩＴ系でも、今度は日本のテクノロジー企業を見てみましょう。

まずは楽天。楽天のビジョンは、

「グローバル イノベーション カンパニー」

最初にグローバルが付くからこそ、英語を社内の公用語にするなど、大胆な改革を行なってきたのでしょう。また楽天の特徴はバリューにある**「楽天主義」**。とくに**「スピード!!スピード!!スピード!!」**など、実行の素早さに強みと誇りを持つ企業の世界観が伝わってきます。

またサイバーエージェントも特徴的です。以前はパーパスを定めておらず、ビジョンとバリューだけを設定していました。

「21世紀を代表する会社を創る」

このビジョンに紐づいて、8つのバリューが設定されていました。

まだ創業まもないベンチャーの時代は、とりあえず21世紀を代表する会社へ、という想いで駆け抜けてきたのだと思いますが、今やこれだけ事業規模が大きくなって成熟してくると、会社の存在意義そのものをきちんと見つめる必要が出てきたのだと思います。そこで、新しくこんなパーパスを宣言しました。

「新しい力とインターネットで日本の閉塞感を打破する」

以前の「21世紀を代表する」という少し自分主体だったところから、新たなパーパスには深い覚悟を感じませんか。

サイバーエージェントは新しくて若い力を大事にする。そのため、若手でも子会社の社長に抜擢するなど、積極的な登用を行なう姿勢にもそれが表れています。

また、インターネットという拠《よ》り所をきちんと踏まえた上で、「日本の閉塞感を打ち破っていく」というその志を感じさせるパーパスに育っているのです。

このように企業のミッション・ビジョン・バリューやパーパスは一度つくったら変えてはいけない、というわけではないのです。このように、自分の成長や事業の発展・視座が上がるごとに、どんどん進化していっていいものだと理解していただけたらと思います。

らしさを紡ぐコピー化のコツ

「らしさのコピー化」を読み解くと、各社の企業戦略や未来の展望も見えてくる。ミッション・ビジョン・バリューやパーパスは、会社の成長とともに変化する。

商品リブランディング
伊勢半

僕が実際に取り組んだ事例もご紹介します。

伊勢半グループという1825年に創業された老舗《しにせ》の化粧品会社があります。

化粧品を売るのは対面販売が主流だった時代、日本で初めてセルフ販売方式を導入した「KISSME(キスミー)」は伊勢半を象徴するブランドです。

それまでずっと対面方式でしか買えなかったコスメが、店頭に陳列された状態で好きに選んで購入できる。今ではよく見かける販売スタイルですが、当時は非常に画期的なアイデアでした。

しかし、昭和初期からあるブランドだからこそ、時代の変化に沿って現代の若者に幅広く届けられるメッセージを伝えていく必要がありました。

KISSMEが誕生したとき、女性が自分から「キスして」と言うのはかなり大胆な印象で、革新的なブランド名だったそうです。

とはいえ、今と昔では、価値観も変化している。それを時代に合わせるために改善しましょうと、リブランディングを行なうことになりました。

その中で、ブランドのメッセージをどうやって再設定したか。

KISSMEの意味を、今の時代に合うように捉え直してみました。

たとえば、「自己肯定感」というキーワードを最近よく耳にしますよね。それをヒントにすると、この〝キスミー〟は自分にキスをするという意味にも捉えることができるのではないかと考えました。そこから、美の基準は自分自身が決めるという自立した女性像を想起できるようになります。

そして最終的には、「私らしさを、愛せるひとへ。」と、「自己肯定感」をさらに向上させるような、時代に合ったメッセージに捉え直すことになりました。

KISSMEのステートメント

今日の自分は、好きですか。

ドキドキする気持ち、大切にしてますか。
やりたいこと、口にしてますか。
周りの目を気にして立ち止まっていたら、
人生だって、くすんでしまう。

自分の「美しさ」は、自分自身で決めるもの。
変化を恐れずに、私の可能性を広げましょう。

KISSMEは、対面販売が主流だった頃、日本ではじめてセルフ販売方式に挑戦。
自分の価値観で化粧品を選ぶセルフメイクで、
日本の人々を自由にしてきました。

しなやかに誠実に。遊び心も忘れずに。
あしたは、もっと美しく。

私らしさを、愛せるひとへ。

いかがでしょうか。もともと「セルフメイクで世界を塗り替えていく」という想いがあったので、海外に向けて「自立した視点を持ってやっていきましょう」ということを伝えました。

こうしてメッセージが決まると、その後のムービーやウェブ展開などのPR活動がとてもしやすくなるのです。

KISSMEのコンセプトムービーを作成し、それぞれのメイクがその時代にどんな役割を果たしているのか、さまざまなカタチで見せていく。

KISSMEは、子供からお年寄りまで、幅広い年齢層に向けた商品を提供しているので、その背景にある想いを伝えていくようビジュアルを表現していきました。

今の時代に合わせて策定したメッセージを軸に、ステートメントをウェブサイトなどで展開していくと、たとえば採用ブランディングにおいても、「昔から革新的な取り組みを続けてきたのが伊勢半です」と伝えることができます。

そして採用の人気も上がり、社員の意識も上がっていく。

メッセージが整うことで「伊勢半っていい会社だな」と社員や就活生をはじめ、顧客が素直に思えるようになる。

このように伝統ある企業こそ、「らしさのコピー化」を軸にリブランディングすることで、企業に関わるステークホルダーが誇りを持てるようになっていくのです。

らしさを紡ぐコピー化のコツ

メッセージは、社会の潮流によっても変わる。今の時代だからこその意義を探そう。

新規事業開発 ロート製薬

続いて日本の大手企業における「らしさのコピー化」の事例についてお話しします。ロート製薬の新規事業開発でサポートした事例をご紹介します。ロート製薬というと目薬のブランドというイメージが強いと思います。しかし近年では、新たに「再生医療」の分野にも取り組んでいます。

再生医療はまだまだ多くの人にとってはイメージしにくい未知の分野です。新規事業を推進するためには、大学や医療機関、お客様などさまざまな方に知ってもらい、賛同者を巻き込んでいく必要があります。そこで「ロート製薬が再生医療に取り組む意義」と向き合って、157ページの図のようなビジュアルとステートメントをつくりました。

再生医療のある未来を具体的に、言葉とビジュアルでイメージしてもらうことを目的にしたステートメントを制作するにあたっては、会社の創業の歴史、つまり原体験から振り返っていきました。

もともとロート製薬は、食の西洋化が進んだことで増えた胃病で苦しむ人たちを救うために始まった会社でした。また、日本で初めて妊娠検査薬を市場に投入すべく働きかけたのもロート製薬でした。

さらに、それまで常識だった情緒的な化粧品ではなく、肌への効果や機能に特化したいわゆる〝機能化粧品〟というジャンルを確立したのもロート製薬です。

そうしたファクトをもとに紡いだステートメントの一部を抜粋してみましょう。

再生医療のある日本。
その可能性を、いっしょに創造しませんか？

人本来の自己治癒力を引き出し、健康寿命を伸ばす「再生医療」。
その可能性に、注目が集まっています。

例えば、
治療法が見つかっていない難治性疾患のケア。身近な悩みである痛みの軽減。
再生医療で、患者と医療従事者の時間が増え、
人生を楽しむ時間をたっぷり味わえるようになるかもしれない。

例えば、
おうちでできるセルフケアに再生医療が追加される未来。
虫歯だけでなく、下がった歯茎や歯を支える骨までケアできる未来。
身体の細胞を元気にたもつための栄養素が１プレートで提供される未来。
再生医療ツーリズムで、各国のセレブや著名人が続々とやってくる未来。
培地プールで、身体のすみずみまでリトリートできる未来。

そんなワクワクする未来のために、
ロート製薬は、再生医療ノウハウを幅広く展開しています。
そして企業や国境などこれまでの枠組みを超え、
新たなカタチのwell-beingの実現を目指しています。

さぁ、医療の常識に一石を投じ、日本の未来をもっと明るく。

活躍できる時間を、1日でも長く。
未来の選択肢を、1つでも多く。

NEVER SAY NEVER
ロート製薬

クリエイティブディレクション&コピー　:堤藤成
イラスト制作　:まちょ
アートディレクション　:田頭晋太郎

※2023年11月時点

さぁ、医療の常識に一石を投じ、日本の未来を明るく、再生しよう。

活躍できる時間を、1秒でも長く。
未来の選択肢を、1つでも多く。

こうしたメッセージが定まると、新規事業に関わるチームや関係者に共通の想いが、まさに複写されていきます。

「ロート製薬は、こうした想いを持って、このような未来を実現するために取り組んでいます。だから、協力してください」

と自信を持って伝えられるようになります。このように、自分たちの会社らしさをコピー化することで想いを展開していくことができるのです。

らしさを紡ぐコピー化のコツ

新規事業においては、言葉とビジュアルを合わせて活用すると相乗効果も高まる。

「らしさのコピー化」による個人の事例

続いては会社やチームではなく、個人における言葉の事例についてお話ししていきます。まずは偉人たちの言葉に触れてみたいと思います。

これから紹介する言葉を言った本人たちは、「らしさのコピー化」をしようと思ってつくってはいないでしょう。

しかし偉人たちは、まさにその人らしい、自分の言葉を持っていたこともまた事実です。それぞれ自分の信念や、存在意義を感じるような言葉をお守りにしてきたことで、自分らしい人生を築いていています。

「私には夢がある」

マーティン・ルーサー・キング・ジュニアの言葉です。彼は非暴力による黒人差別への抵抗運動を率いました。ちなみにこの言葉は演説用にあらかじめ考えていたものではなく、観客の呼びかけに応える中で紡がれた言葉だったそうです。借りてきた言葉ではなく、シンプルでわかりやすく伝える言葉の原則が証明されています。

「非暴力は暴力よりも無限にすぐれているし、許すことは処罰するよりはるかに男らしい」

マハトマ・ガンディーのこの「非暴力」の革命は、まさに言葉による革命と捉えても差し支えないのではないでしょうか。

ちなみに偉人たちの言葉を考えるとき、アップルの広告を思い出します。

クレイジーな人たちがいる。
反逆者、厄介者と呼ばれる人たち。

四角い穴に、丸い杭を打ち込むように
物事をまるで違う目で見る人たち。

彼らは規則を嫌う。彼らは現状を肯定しない。

彼らの言葉に心をうたれる人たちがいる。
反対する人も、賞賛する人も、けなす人もいる。
しかし、彼らを無視する事は誰にもできない。
なぜなら、彼らは物事を変えたからだ。
彼らは人間を前進させた。

彼らはクレイジーといわれるが、
私たちは天才だと思う。
自分が世界を変えられると
本気で信じる人たちこそが、
本当に世界を変えているのだから。

Think different.（アップル）

いかがでしょうか。私はこの広告コピーを読むたびに、強い執念で自分らしい言葉と共にクレイジーに現実と戦ってきた偉人たちのことを考えます。

「これでいいのだ」

日本では『天才バカボン』で知られる赤塚《あかつか》不二夫《ふじお》のこの言葉は、最後に自分の信念を貫く勇気を与えてくれます。

個人に生まれる変化

とはいえこうして偉人たちの言葉ばかり並べては、「自分とは関係ない」と思ってしまう方もいるかもしれません。

そこで今回は、これまで私が運営する「つむぐ塾」や個人コンサルティングなどで関わらせていただいた個人の方が、どのように「らしさのコピー化」で変化を起こしたかについて、いくつかご紹介したいと思います。

■発信に躊躇《ちゅうちょ》されていた開業医・石内さんの場合

相談に来られた石内さんは、宮崎で開業医を営まれていました。ただ今後、これまでで患者と接してきた学びを活かして、出版やSNSで発信していきたいとのことでした。石内さんとお話しさせていただく中で、医者でありつつも、気取らずに人の気持ちを軽くしてくれる軽やかで「陽気な雰囲気」がまさに石内さんの良さだと感じられました。

そういえば、伊坂幸太郎《いさかこうたろう》さんの人気の小説に『陽気なギャングが地球を回す』（祥伝社文庫）という作品がありましたが、まさにそのような陽気さが患者さんの心を癒やす独自の持ち味だと感じたのです。そこで石内さんにはこんなパーパスをご提案させていただきました。

［パーパス］**陽気なドクターが、地域を癒やす。** 石内裕人

こうしてご自身のキャラクター性とあり方が定まったことで、YouTube発信の方向性も固まりました。その後すぐに料理研究家とのコラボ対談をはじめ、商業出版

が決まりました。今は医療の仕事を軸に、ご自身の新たな夢である文化人としての道を歩み始めています。

［ビフォー］「SNSなどで何も発信できずに悩んでいた」状態から、
［アフター］「YouTubeでのコラボ対談や書籍の商業出版」を実現！

■自分に自信がなかった、保育士・佐藤さんの場合

相談に来られた佐藤由香里さんは、どこか自信なさげでした。
「これまで日米の幼稚園、保育園で働いてきましたが、保育士なんてたくさんいるし、イルカと泳ぐことは好きでこれまでたくさん泳いできましたが、あくまでも趣味。旅する中で英語も話せますが、翻訳などができるレベルまではない。こんな自分でも、起業できるのでしょうか……」と悩まれていました。

そこで「もしも好きなことで起業できるなら、どんなことをやっていきたいのですか？」と問いかけると、「自然の中にいることが大好きです。みんなに世界中を巡ってもらって、自然と一体になれる感動を感じてもらいたい」と楽しそうに話をしてくれました。そこで、佐藤さんには、こんなパーパスをご提案させていただきました。

［パーパス］**自然とひとつに。世界とつながる。**
自然派リトリート・プロデューサー　佐藤由香里

こうして佐藤さんは「らしさ」をコピー化したことで、早速、イルカと泳ぐリトリートツアーを企画。すぐにお子さん連れの経営者などが参加され、大自然の中でイルカと触れ合い、子供の世話もしてもらえたことで大満足だったそうです。また、アメリカ、バハマなど、旅先からオンラインで配信し、一緒に旅する感覚を味わえるグローバル・リトリート企画なども好評でした。

このように趣味の「イルカ好き」「旅好き」「保育」「英語」などの要素をかけあわせた「自然派リトリート・プロデューサー」として、趣味を仕事にした起業のゼロイチを達成されたのでした。

[ビフォー]「自分の専門性が見つからず自信が持てない」状態から、
[アフター]「趣味と得意をかけあわせてゼロイチ起業」を実現！

■「やってきたことがバラバラで、自分軸が見えなかった」経営者・水野さんの場合

水野さんは「これまでやってきたことに一貫性がなく、自分が本当は何をしたいのか、わからない」という悩みを持たれていました。

水野さんは、幼少期からピアノやバイオリンなど音楽に親しみ、大学では建築を

学び、現在は父の水道工事の会社を引き継がれたそうです。最近は人工知能を使った楽曲制作や映像制作にもトライしているとのことでした。

確かにキーワードだけを見れば「音楽」「建築」「水道工事会社」「映像」と一見バラバラのキャリアに感じます。そこで僕が提案したのは、こんなパーパスでした。

［パーパス］**清らかな流れをつくる。** 水野清香

この「らしさのコピー化」は「水野清香」という名前を見ていたら浮かんできた言葉です。清らかな水の流れのように、音楽における旋律は音の流れそのものですし、これまで学んできた建築は自然な人の流れや動線を考えて設計します。さらに水道工事の仕事は清潔な水を届けるというインフラです。映像もまた感情の流れをつくり出します。

このように「清らかな流れをつくる」というたったひとことの言葉の補助線を添

えるだけで、「音楽」「建築」「水道工事」「映像」という一見バラバラな対象の中に、これまで見えなかった一貫性が立ち昇ってきます。

このパーパスが見つかってからは、水野さんは、これまでのような迷いがなくなり、映像や音楽制作などのアーティスト活動でも依頼が殺到し、本業の水道工事の会社のリブランディングをスタートするなど、名は体《たい》を表すように精力的に活動されています。

［ビフォー］「やってきたことがバラバラで自分軸が見つからない」状態から、
［アフター］「自分らしさを体現する経営者×アーティストへの進化」を実現！

■保険会社で働く瀬口さんの場合

瀬口さんは、保険会社で長年働いてきましたが、もうすぐ定年が見えてきたことで、これからのあり方について悩まれていました。最初お会いしたときは、「自分はしがないサラリーマンだから……」と何度も口に出されており、人生に迷いを抱えられているように感じました。

その後、じっくりお話を聞かせていただく中で、これまでご自身が本当に素晴らしいと思った映画の自主上映会を企画されたり、コミュニティのために交流会を積極的に開かれたりするなど、人とのご縁を大切にした場づくりにおいて輝かれている方だということがわかりました。そこで対話の中でご自身が紡がれたのがこちらのパーパスでした。

［パーパス］**人とのご縁で、歓喜の場をつくる**　瀬口眞一郎

この言葉を定めてからは、ＬＩＮＥグループを作成し座談会を開催するなど、意欲的に発信を開始。有名なノーベル賞受賞者と懇意にされている和尚《おしょう》さんと対談す

る企画が生まれ、自分がこれまで学んできたことをセミナーにして発信すると、その熱量に賛同した100名近くの参加者が集まりました。

また、パートナーである瀬口理恵さんは「脳の可能性を開花させ、夢の扉を開く。」というパーパスを定め、脳の使い方と記憶術を伝えています。ご夫婦それぞれのパーパスを大切にすることで、ご縁が広がっていくなど、相乗効果のあるパートナーシップを展開されているようです。

［ビフォー］「大企業で働く一般サラリーマン」から、

［アフター］「著名な作家、和尚、ノーベル賞受賞者との交流が広がる状態」へ。

■商社で働く西村さんの場合

西村さんは、自動車向け半導体部品を取り扱う商社のドイツ支社で働かれていました。欧州向けビジネスに30年携わっていることで、これまではご自身のパーパスとして「ドイツと日本の架け橋になる」という言葉を掲げられていました。

そんな西村さんでしたが、『ドイツ人のすごい働き方　日本の3倍休んで成果は1・5倍の秘密』（すばる舎）というご自身の初の書籍を発売されるタイミングだったこともあり、より高い次元でのパーパスをご自身で更新されました。

［パーパス］**日本の調和を世界へ、世界の学びを日本へ**　西村栄基

日本人らしい「調和」の考え方を世界に届けていくこと。さらにドイツだけではない世界の知見を日本に還元していくこと。このあり方は、これまでの「架け橋」の役割を超え、より深く広さを持ったパーパスに昇華されたのだと思います。

その結果、初のご著書は発売直後から異例のベストセラーとなり、今は多くのメディアからの取材が殺到するなど、大きな反響を生んでいます。

［ビフォー］「ドイツと日本の架け橋としての自分」から、
［アフター］「日本の調和と世界の学びを届けるベストセラー著者」へ！

十人十色のビフォーアフター

もう少しパーパスによって人生に変化が起きた方々の例を紹介しておきます。

［パーパス］**ダンスとともに、喜びで生きる。** 舞踊家　小宮伸子
［ビフォー］「言語化に苦手意識を抱えるダンス教室の先生」から、
［アフター］「参加型ダンスイベント『ＪＯＹプロ』のプロデューサー」へ。

［パーパス］**働く人を承認の輪で支え、日本の未来を支える。働く人の参謀**
佐藤裕郁

［ビフォー］「獣医師・読書会・カウンセリングで支える調整役」から、
［アフター］「ほっとする場づくりで働く人を支援する参謀役」へ。

［パーパス］**映画みたいな人生を。才能を輝かせる共演プロデューサー**　タコママ
［ビフォー］「演劇が好きな子育て中の主婦」から、
［アフター］「演劇×エンターテインメントで斬新なイベントを企画する演出家」へ。

［パーパス］**万葉のこころ、とどけよう。**　からくらめぐみ（めー）
［ビフォー］「人前で話すことが苦手な、『万葉集』好きの主婦」から、
［アフター］「『万葉集』×デジタルで新たな表現を目指す現代の吟遊歌人」へ。

［パーパス］**「叶える」をアテンドする。キャリア・アテンダント**　大牟田文子
［ビフォー］「目的地にお連れする客室乗務員（キャビン・アテンダント）」から、

［アフター］「理想のキャリアへ導くコーチとしての複業の開始」へ。

このように、それぞれの方が自分らしくパーパスを定めることで、理想のあり方への一歩を次々と踏み出しています。

僕自身、それぞれが定めたパーパスを掲げて変化していく姿を見るたびに、勇気をもらっているのです。

らしさを紡ぐコピー化のコツ

個人においても、自分らしい言葉を持つことで、大きく人生を好転させられる。

第5章

自分らしさを紡ぐコピー化実践講義

らしさのコピー化講義①

６単語の小説が教えてくれること

ここまで、「らしさのコピー化」の定義やつくり方、企業・個人の事例についてご紹介してきました。

続く第5章では、実際の講義の風景を一部取り上げながら、それぞれ個人が自分らしさをどう紡いでいくのか——その様子をご紹介したいと思います。

また、講義を受けた方々から実際に出た質問にも答えていくので、より実践のイメージがしやすくなるのではないかと思います。

今回は、自分らしい言葉とは何かについて悩みをお持ちのアヤさん、テルさん、カホさんの3名に登場いただいております。

堤：本日はお集まりいただきありがとうございます。さて今日はみなさんに、自分らしいひとことの言葉のお守りを持ち帰っていただきたいと思います。それでは早速、ここからはあなた自身の言葉を紡いでいく実践ワークに取り組んでいきましょう。

自分をひとこと化するパーパスということで、言葉を短くしましょうと言ったときに、とはいえ「そんなに短い言葉、つくれないよ」と思われる方もいると思います。ですが、じつはたった6単語で、小説さえもつくれるんです。

これは「フラッシュ・ノベル」というジャンルですが、アーネスト・ヘミングウェイが書いたと言われているこんな6単語の小説があります。

For sale: baby shoes, never worn

（売ります。赤ん坊の靴、未使用）

これを聞いて、どんな物語が浮かんできますか?

アヤ: 赤ちゃんができたけれど流産してしまって、買っていた赤ん坊の靴を使っていないのに売ることになってしまった……。そんな悲しい物語を想像しました。

堤: 素晴らしい想像力ですね。まさに今アヤさんがおっしゃったように、こうしてたった6単語からでも人間はイメージを膨らましていくことができます。またもう1つ例を出しましょう。これは『Six-Words たった6語の物語』という本に出てくる6単語の小説です。こちらはどう解釈しますか?

I still make coffee for two

(今もまだ二人分のコーヒーを淹《い》れている)

テル：おそらく連れ添っていた人を忘れられない。過去の習慣を身体が忘れられず、コーヒーをつい二人分淹れてしまうということでしょうか。

堤：そうですよね。その相手がいなくなってしばらくしても余韻をいまだ引きずっている、そんな光景が目に浮かんできますよね。

このように短い言葉でも、具体的なキーワードが入っていることで、じつはイメージは深く広がっていきます。そのポイントになるのは、どちらも具体的な言葉が含まれているということです。

たとえば、恋人と別れた喪失感は、「さみしい」という言葉ではなかなか表現しづらい。そこでこの具体の単語である「2人分のコーヒー」や、「まだ」という言葉があることで、その本当のさみしさのニュアンスが伝わってくるのです。

今回紹介した6単語の小説を通じて伝えたかったのは、「短い言葉だからこそ、相手の想像力を喚起することができる」ということです。その情景が浮かぶ適切な単語を選ぶことができれば、イメージは広がります。

ちなみに、皆さんがコピー化する際に陥りがちな例としては、「幸せな未来へ」「世界を平和に」といった、一見良さそうに見える抽象的な言葉だけで書くことです。こうした「未来」「平和」「幸せ」などの抽象的な言葉は、具体の言葉と組み合わさることで機能します。このコピー化の際に、抽象的な言葉だけで表現してしまうのは危険です。

たとえば「世界を平和に」だと、極論、どの職業のどのジャンルの人も抽象度を上げるとその言葉は言えてしまいます。せっかくなら、そこに自分だからこそ言える具体の言葉を入れていただきたいと思います。

僕の場合で言うと、「言葉を紡ぐ」というワード。
ここは一般的な言葉を「書く」、言葉を「つくる」ではなく、「紡ぐ」というニュアンスにこだわっています。あなたらしい言葉は名詞や動詞でも語尾でも構いません。あなたの普段の職業や口癖などから意識してつくると、自分らしさは出てきやすいのだと思います。

らしさを紡ぐコピー化のコツ

短い言葉に絞るほど、想像力豊かにイメージを広げることができる。

らしさのコピー化講義②

キーワード選定シートの活用

次に、「キーワード選定シート」を使って、自分らしさを表す5つの単語を書き出していきましょう。巻頭の「キーワード選定シート」を使っていただくか、5つのキーワードを書けるようなノートを用意していただければ大丈夫です。

英語の授業で「SVOC」と習ったと思いますが、そのようにシンプルに「S（誰が）、V（どうした）、O（誰を／何を）、C（どのように）」と埋めていきます。

まずはその**「誰が」**には何が当てはまるか、から考えていきましょう（シートの①）。

キーワード選定シート

名前:

4 VALUE HOW:O

Q どうやって、うるおす?
(何を:価値提供・ベネフィット)

3 MISSION WHOM:O

Q 過去の原体験は? 誰を救いたい?
(誰に:原体験/果たすべき使命)

2 PURPOSE WHY:V

Q もっとも自分らしい動詞は?
(存在意義)

5 VISION WHAT:C

Q どんな理想の未来の景色を見たい?
(目指したい未来像)

1 VALUES WHO:S

Q 理想の自分は? ○○として?
(価値基準・行動指針)

この主語は、もちろんあなたやあなたの会社ではあるのですが、あえてここでは誰に当たる部分を、職業や肩書きで表現してみると、自分の立ち位置がはっきりします。

僕の場合は、昔は「コピーライター」と記載していたのですが、今の自分においては少し違和感を持つようになりました。作家として、コミュニティのオーナーとして、プロデューサーとしてなど、より仕事の幅が広がったからです。

そんなとき、海外では「オーサー(著者)」と「アントレプレナー(起業家)」を足した、「オーサープレナー」という言葉が使われ始めていることを知りました。そこで、僕もこの直訳に当たる「著者起業家」という言葉を選びました。

なぜなら、言葉を軸に新たな考え方を世の中に広げたり、社会に新たな価値やビジネスモデルをつくったりすることに取り組んでいるからです。

続いて**「どうする」**の動詞の部分ですね(シートの②)。この部分に関して昔は、コピーライターとして「書く」というワードが一番自然だった時期もあれば、クリエイターとして「つくる」というワードがしっくり来る時期もありました。しかし、今は単に作品を「つくる」という言葉の人工的な感じよりも、もっと自然体な「紡ぐ」というニュアンスがしっくり来ています。

そして、**「誰に」**に対しての部分です（シートの③）。ここはたとえば、どんな人を助けたいのかなどを具体的にしたほうが良いでしょう。もともと僕の場合は、小耳症で音が聞こえない時代があったからこそ、子供のときの自分のようにコミュニケーションに苦手意識を持っている人の力になりたいと思っていました。ただ今は、もっと目の前の読者やクライアントの助けになりたいと思うようになったので、「あなた」という言葉を選んでいます。

また**「どういう手段」**でという部分（シートの④）。この手段のところは、最初は

「アイデア」や「クリエイティビティ」「本」などさまざまな手段としてのキーワードが浮かびましたが、最終的には「言葉」を選びました。

そして**「どんな未来を目指すか？」**の部分（シートの⑤）は、「みんなの夢がかなう」などを考えていたのですが、もう少しその夢がかなうきっかけの部分に想いを向けたいと思ったので、言葉を使って、人と人、人と商品、人と企業の「縁」を増やしていきたいと考えるようになりました。

こうして、僕の場合は、「著者起業家」「紡ぐ」「あなた」「言葉」「縁」という5つのキーワードを選び出しました。

このように、みなさんも自分を表す5つのキーワードをまずは「見える化」して、書き出していただきたいと思います。

もちろん、最初からいきなり5個に絞ろうとしなくてもいいので、まずは**「Find（見える化）」**の段階ですから、それぞれの項目ごとに、浮かんできた名詞や動詞を、とにかく書き出してみましょう。

僕自身も最初から「紡ぐ」というキーワードが見つかったわけではなくて、最初は「書く」や「つくる」などのキーワードを挙げていたことをお伝えしました。最初に挙げたキーワードから**「Open（言語化）」**の段階で、「もっといいワードないかな？」とイメージを広げて言語化していく中で「紡ぐ」が出てきました。

そこから、いよいよ「コピー化」の最初のステップである**「Choose（変化）」**に入っていきます。たとえば、「書く」「つくる」ではなく「紡ぐ」という単語が自分にとってだけでなく、社会にとって一番おいしい変化になると判断して、選ぶ段階です。

そうして選んだ5つの単語をベースに、**「Update（進化）」**させていく段階に入ります。僕の場合、最初は、「言葉でご縁を紡ぐ」という言葉をつくっていました。

しかし、それだと少し漠然としている感覚を受けたのです。

そこで、「整える」という言葉を足し、「言葉を整える」から「ご縁を紡ぐ」という僕自身のコピーライターや作家としての経験が活きる形に深めていきました。

このように「てにをは」を整えたり、必要なニュアンスを出すために単語を足したり削ったりしながら、自分を深掘りしていくのです。

ここまで来たら**「Share（文化）」**の段階です。自分がコピー化したパーパスを、周りに伝えていきましょう。といっても、難しく考える必要はありません。「私のパーパスは、『言葉を整え、縁を紡ぐ』です」とどんどん口に出していきます。

家族や友人、仕事仲間などコミュニティの中で、その自分らしいパーパスを相手の頭に複写していく。自分が大切にするあり方が、わかりやすく伝われば伝わるほど、自分にぴったりの仕事や誘いが舞い込む可能性が上がります。

またこうしたキーワードを考える際、日本語ではなくとも「プロデュース」「クリエイト」など、人によっては英単語の方が、発想が広がりやすい人もいます。

ぜひ、こちらの「らしさのコピー化」のフォーマットを使って、自分にぴったりのコピー化を目指していきましょう。

らしさを紡ぐコピー化のコツ

自分にぴったりの単語と向き合うところから、らしさのコピー化を目指そう。

らしさのコピー化講義③

テル（田邊輝真）さんの場合

ここからは実際にキーワード選定シートを活用して「らしさのコピー化」に取り組むテルさんの事例から紹介していきます。テルさんは、普段は救命医として勤務されていますが、起業して実現したい事業があるとのこと。

早速その声に耳を澄ませてみましょう——。

堤：では早速、ご自身の「らしさのコピー化」で取り組んだ内容について、発表したい方はいらっしゃいますか？

テル：一度現状をワークシートにまとめてみましたが、整理できずヒントが欲しい

キーワード選定シート

名前:テル

4 VALUE HOW:O

Q どうやって、うるおす?
(何を:価値提供・ベネフィット)

システムをつくる

3 MISSION WHOM:O

Q 過去の原体験は? 誰を救いたい?
(誰に:原体験/果たすべき使命)

光が当たらない
医療を捉える。

2 PURPOSE WHY:V

Q もっとも自分らしい動詞は?
(存在意義)

輝かせる、繋げる

5 VISION WHAT:C

Q どんな理想の未来の景色を見たい?
(目指したい未来像)

あのときあーしとけば
よかった……

1 VALUES WHO:S

Q 理想の自分は? ○○として?
(価値基準・行動指針)

トロのように、
職人として

です。私は、今後は医療分野で起業を目指しています。これまで救急医として働き、救えなかった命との向き合い方に社会的課題を感じています。

今回のミッションでは「光が当たらない医療」をテーマにしています。この分野は保険医療には含まれず、前例もないため自分もまだ漠然としていますが、救急隊、警察、医師など異なる組織間で連携できる環境や、救えなかった命を次の世代へ繋げるシステムの構築を考えています。

先ほどの寿司のワークを経て、「トロがつくりたい」と思いました。歴史的には捨てられがちだったトロが、職人の研究と努力で高級部位としての地位を確立したように、私も医療の中で光が当たっていない部分、とくに救急医療から見える生命の価値を高めたいと思います。それには、組織の枠を越えて連携し、データを集め、将来の予防医療につなげることが重要です。

堤：なるほど。ちなみに、テルさんが起業された会社名のMONSHIN、これはどういう意味ですか？

テル：MONSHINは、死因究明センターを設立することから名付けました。それは検査だけでなく、問診を通じて「人から問う」ことの重要性を示す名前です。

また、MONSHINの中の「SHI」に「E」を加えると「SHINE」（輝く）になり、未解明な部分に光を当てる意志と、私の名前である輝真（てるまさ）の「輝く」という意味も込めています。

堤：それなら今回大切にすべきキーワードは、やっぱり「問診」と「照らす」という言葉が良いと思います。当初、キーワード選定シートに記入されている「繋げる」という動詞は他の職業の人でも言えそうなので。

とくに「問診」という名詞がテルさんの個性であり、普通にはあまり出てこない職業的な単語なのでより具体的だと思います。テルさんご自身は、この「問診」というキーワードから連想するものはありますか？

テル：「問診」という言葉は医療の最初の接点であり、基本的な始まりを表します。私の教訓となったのは、救えなかった命との関わりです。

とくに印象深いのは、遺族が臓器提供を通じて他の命を救う決断をした際の心境です。多くの遺族は、自らの経験を他人にも理解してほしいと望み、その想いを次への予防や教育に繋げていきたいと感じています。

堤：それならば、テルさんのパーパスの草案としては、「予防医学に光を当てて問診する」などの言葉がわかりやすいかもしれませんね。医療業界自体を問診して、本当の課題を見つけていく。そういう表現にすると、現在つくろうとされている事業の志が見えてくる気がします。

テル：それに、警察や救急隊や救急医など、この分野に関わる人たちの健康も大切にしたいと思っています。そういった意味では、医療業界の当たり前を疑って、もっと業務を効率化できるところにメスを入れていきたいと思っています。

堤：でしたら、「医療業界の当たり前を『問診』し、予防医学に光を当てる」というコピー化はいかがでしょうか。「問診（MONSHIN）」という社名にもダイレクトに繋がりますし、ご自身と企業の存在意義も定まるのではないでしょうか。

［パーパス］

医療業界の当たり前を「問診」し、
予防医学に光を当てる。

合同会社MONSHIN
田邊輝真

テル：すごい。自分の頭が整理されました。今までやりたいことをひとことで言えなかったので。こうして端的に言えたら、もう少し話を聞いてくれる人が増えるかもしれません。

堤：それは、良かったです。今テルさんとともにパーパスを紡いでいったプロセスを振り返ってみましょう。

まずはテルさんが出したキーワードの中で、その人にとって重要かつユニークなワードを見つけていきました。今回は「問診」という言葉ですね。とくに社名や商品名などは想いを込めて名付けていたりするのでヒントになる場合が多いです。

または、ご自分の名前も愛着があるものなので、ここを中心にイメージングしていくのもいいですね。今回は輝真さんの「光を当てる」「SHINE」というキーワードも大切に活かしていきました。

らしさを紡ぐコピー化のコツ

自分の名前や会社名など、その言葉のイメージなども活かしてコピー化しよう。

らしさの
コピー化講義④

カホ（福村香歩）さんの場合

続いては、翻訳・通訳で活躍されているカホさんの事例を紹介したいと思います。カホさんの場合、キーワードの絞り込みに苦戦しているようです。早速、講義に耳を澄ませてみましょう。

カホ：私はこれまで翻訳や通訳をしてきて、そして現在は新潟のホテルの運営の仕事をしています。私の場合は、５つのキーワードの中で、ワードを絞り込めず、上手に整理できていません。こんな場合はどうしたら良いのでしょうか？

堤：そのような場合は、少しずつ遠いものから削っていきましょう。たとえば、動

キーワード選定シート

名前:カホ

4 VALUE HOW:O

Q どうやって、うるおす?
(何を:価値提供・ベネフィット)

対話

3 MISSION WHOM:O

Q 過去の原体験は? 誰を救いたい?
(誰に:原体験/果たすべき使命)

・目の前の人
・あなた
・誰も取りこぼさない

2 PURPOSE WHY:V

Q もっとも自分らしい動詞は?
(存在意義)

・垣根を溶かす
・縁を手渡す
・孤独を癒やす
・対話

5 VISION WHAT:C

Q どんな理想の未来の景色を見たい?
(目指したい未来像)

・ただいま(心のホーム)の場所を複数持つ
・世界中がご近所さん
・Be Myselfが共存する

1 VALUES WHO:S

Q 理想の自分は? ○○として?
(価値基準・行動指針)

・愛の人
・女神

詞の部分では、４つの単語が出ていますね。「溶《と》かす」「手渡す」「癒やす」「対話する」。この４つの中から絞っていきます。どれか１つしか残せないとしたら、どの単語を選びますか？

カホ：難しいですが、「対話する」が自分の中で大きい気がします。

堤：「対話」のイメージについてもう少しお聞かせいただけますか？

カホ：それは目の前の相手に対して深い理解をする積み重ねのイメージです。

堤：良いですね。では、続いてビジョンのところに記載されている単語についても、もう少し説明いただけますか？

カホ：目指したい未来は、みんながホーム的な場所を複数持つような状態。それは物理的でなくても精神的でもいいなと思っています。

堤：現在、ホテル事業を行なわれている視点でいうと、「ただいま」や「ご近所さん」というキーワードはとてもカホさんらしいなと思いました。この2つの単語だと、どちらがしっくり来ますか？

カホ：自分が目指すのは「ご近所さん」だと思います。世界中が本当にご近所さんのようになって、個々人が繋がりを広げていって重なる部分が増えていくのが、大きくいうと世界平和の一歩目だと思うので。「ご近所さん」のほうが好きです。

堤：なるほど。それではお話を聞いて大切だと言われていたキーワードである「対話」「世界」「ご近所さん」という単語を繋いでみると、「対話を通じて、世界中をご近所さんにする」というひとことのパーパスの草案ができるかと思います。このたたき台のメッセージについて、何か気づきはありますか。

カホ：これを聞いたときに受け取った人が「で、何の役に立つの？」みたいな印象を受けるかもしれません。私の場合「対話」だと少し抽象度が高すぎるのかも。

堤：いい気づきですね。ではカホさんの普段の仕事をもう少し聞いてもいいですか。

カホ：まず１つ目は、ホテル事業。あとは翻訳や通訳ですね。現在の悩みは今やっていることと、これから自分が提供していきたいことにギャップがある点です。

堤：では、これからやっていきたい事業は何ですか？

カホ：それは「まちづくり」という言葉が一番今のところしっくり来ています。人と事業がどちらも育っていく、育てていくイメージです。そこで役割を果たしていくことも、ホテル宿泊業という垣根を越えてやっていきたくて。ですが今はホテル事業を成功させるというビジョンのもとでしか行動できていないのです。

堤：なるほど。では今取り組んでいるホテル業や翻訳業。そしてこれから取り組みたい「まちづくり事業」。この3つと整合性のあるパーパスを描けばいいということですね。これらホテル業も、翻訳も、まちづくりも「世界を、ご近所さんにする」という部分には繋げることができそうです。あとは、「○○を通じて」の部分を、明確にできると良さそうですね。ちなみに、ご近所さんにするには、カホさんはどんな役割を果たせそうですか？

カホ：イメージする私の役割は、村長さんと村人の間、みたいな感じです。そこを繋いでいく人。企業の役割、役職で言うと、コミュニティのマネージャーかな。

堤：ちなみに、肩書きは特殊な言葉である必要はなかったりします。たとえば、「世界をご近所さんにするコミュニティ・マネージャーです」として自分をコピー化するのはいかがでしょう。

［パーパス］

世界をご近所さんにする。

コミュニティ・マネージャー

福村香歩

カホさんの強みはやはり、「世界」と「ご近所」という、この両方をできることだと思います。地方で働くコミュニティ・マネージャーが世界との接点をつくるのはなかなか難しそうですが、カホさんの場合は翻訳や通訳、ホテル事業に携わっているからこそ、世界の人をご近所さんにしながら、まちを活性化することができます。

だからこそ、「世界をご近所にするコミュニティ・マネージャーのカホです」と言うと、自分のオリジナリティも活かしながら、ホテル・通訳・まちづくりの3つの事業に軸が通るのではないかと思います。

カホ：ありがとうございます！　「世界中をご近所さんにする。コミュニティ・マネージャー」。さっきの対話的な部分も入っていて、すごく今しっくり来ました。これは私にとって、今と未来のありたい姿を正解にしていくパーパスになると思います。

堤：お役に立てて良かったです。このように具体と抽象を何度も行き来しながら、言葉を進化させていくことが重要です。今回のカホさんとのコピー化のプロセスについて、ポイントを振り返りたいと思います。

特徴的なワードである「ご近所さん」という具体が出てきて、今度はコミュニティ・マネージャーという肩書きの部分で、対話やホテル業、通訳、まちづくりという言葉を包含していくように整えていきました。このあたりは、一発で正解にたどり着けなくても、抽象と具体の間を行ったり来たりしながら、自分らしい単語を通じて、自分の今と未来の事業を「清算」できないか、と考えていくと良いと思います。

らしさを紡ぐコピー化のコツ

自分らしい単語を絞りこむこと、そこに自分の軸となるパーパスのヒントがある。

らしさのコピー化講義⑤

「自分に自信がない」と気後れしてしまうあなたへ

ワークに取り組む中で「インタビュアー×ライター」としての「らしさのコピー化」ができたアヤさん。しかし、今度はこのパーパスを周りに宣言することに対して不安を抱えている様子です。その理由とは何でしょうか？

アヤ：今回のコピー化講義で、「本音と魅力を引き出すインタビュアー×ライター」という「らしさのコピー化」を一緒に考えていただき、そのキャッチコピーに非常に可能性を感じました。

ですが、自分が現在ライターの業界にいるからこそ、「インタビューが得意です」

と胸を張って言いづらいなとも感じてしまいました。「私よりもっとインタビューが上手い人はいるし……」と思うと、パーパスを宣言することのハードルが高くなってしまって。自分が名乗ったときに、周りにどんなふうに思われるのか急に気になってしまったのですが、こんなときどう考えたらいいのでしょうか？

堤：なるほど。パーパスを最初に宣言するのは、確かに勇気がいりますね。ですが、たとえばインタビュアー、ライター、プロデューサーなどそれぞれの肩書きだけとその職業の人はたくさんいると思います。しかし、相手の本音を引き出すインタビューができて、わかりやすいライティングもできて、本質的な魅力を射貫くプロデュースもできる人は、どれだけいるでしょうか。

ご自身の得意や大切にしている姿勢を掛け算していくと、自分のパーパスのオリジナリティに客観的な自信を持つことができてくると思います。

また、パーパスはすぐには自分に馴染まなくとも、今後、アヤさん自身が仕事をしていく中で、そのコピー化したあり方を意識して、行動していくと徐々に自信と実績はついてくるはずです。日々、言葉を整え、内面を耕し続け仕事をしていくと、いつかパーパスを体現する人物になれるはずです。

アヤ：自分が普段お仕事するときに、忘れちゃいそうだったことをパーパスで「あ、そうだった、そうだった」と戻すこともできるのが、とてもいいなと思いました。

堤：そうですね。目の前の仕事に忙殺されているとき、まさに「自分が大事にしていたことは何だっけ？」と定期的に、意識下に置くことは大事だと思います。

アヤ：ちなみに「自分らしいキーワードの探し方」として普段からできるアンテナの張り方があれば知りたいです。キーワードを出す前の段階の人ができる意識の向け方などがあれば。

堤：それは、ミッション・ビジョン・バリューの解説の際に触れた、人類がたどり着く究極の3つの問いと向き合うことが良いかもしれません。

「我々はどこから来たのか 我々は何者か 我々はどこへ行くのか」

この問いに、散歩中や、朝起きたときなど、ふとしたときに向き合うことです。すると、自分の原体験は何だろうとか、何に問題意識を持っているか、何にワクワクするのかというキーワードが自然と見えてくるはずです。

最後に、本日は「らしさのコピー化」のポイントだけ、試しにやってみましたが、いかがでしたか？

テル：単純に、面白かったです！　これから起業して体現していきたいことが端的に見えてきて、スッキリした気持ちです。ありがとうございます。

カホ：今の自分とこれからの自分の中でモヤモヤしていた部分が解消されました。また社会との関わり方に関する漠然とした不安がなくなりました。なぜならそれは「あり方」だから。競争ではなく、無理なく唯一無二の「らしさ」がコピー化されていくことがすごいと思いました。ありがとうございます。

アヤ：皆さんのキャッチコピーがどんどんクリアになっていく過程が圧巻で、感動しました。私も、あり方は現在でもあり、未来に繋がっているものでもあるというのに安心感を覚えました。未来のことを語るのは嘘を言っているわけではないけれど、ビッグマウスを演じなきゃいけないような気がしちゃっていたのですが、まさに今と未来の延長線上で、ちょっとだけ背伸びした感覚でパーパスを紡げたことが心地良いなと思いました。ありがとうございました。

堤：今回はだいぶ駆け足でしたが「らしさのコピー化」について、そのつくり方のヒントと効果を感じていただけて良かったです。

あくまでも「パーパス」は、今後も自分の視座が上がっていくたびに変わっていくものなので、定期的に自分の内省を耕しながら、その「耕すマインド」を持って、自分らしくおいしい人生を紡いでいただけたら、嬉しいです。

らしさを紡ぐコピー化のコツ

普段から自分に問いを持つことで、自分のペースで言葉を整えていこう。

世界一のプロデューサーに聞いた「自分らしさ」の見つけ方

今回「自分らしさのコピー化」をテーマにするにあたり、『人生がときめく片づけの魔法』（河出書房新社）が世界的ベストセラーになった近藤《こんどう》麻理恵《まりえ》さんと、その夫でありプロデューサーである川原卓巳《かわはらたくみ》さんの関係はまさに、「自分らしさ」を体現しあう理想のパートナーシップの事例だといえそうです。

実際、川原さんは『Be Yourself　自分らしく輝いて人生を変える教科書』（ダイヤモンド社）という書籍をもとにワークショップを全国で行なうなど、「自分らしさ」の体現者でもあります。全国各地で行なわれているワークショップも毎回満員御礼とのことです。

そこで今回の書籍の執筆にあたり、僕自身が「川原卓巳プロデュースの学校」を受講する中で、川原さんに直接インタビューさせていただく機会がありました。その一部をこちらでご紹介します。

堤：卓巳さん、自分らしさを見つける際に、大切なことは何だと思いますか？

川原：僕は、その人の一番の「自分らしさ」は、コンプレックスの中にあると思っています。たとえば、以前の僕のコンプレックスは「人の目が気になること」と「比較的何でもこなせるけど、器用貧乏なところ」でした。

堤：卓巳さんでも、コンプレックスを感じていたことがあったのですね。

川原：一方で、妻の麻理恵さんは、小さい頃から片づけを愛し、天才性を発揮する人。ですが、言葉にこだわりがあるからこそ、メールの対応でも1通のメールを打つのに何時間もかかってしまい、返信を半年も溜めてしまうなど、いろんなことに苦手意識がある人でした。

堤：確かに、お二人の強みや個性は対照的ですね。

川原：「何でもできるけど、器用貧乏」な僕と「片づけの天才だけど、苦手なことも多い」という麻理恵さんは、すべてが逆。だけど、この凸凹の関係だからこそ、互いに「自分らしさ」を100パーセント活かしきることができたんだと思います。

堤：自分のコンプレックスに向き合って、相手との出会いがあったからこそ、見えてきた「自分らしさ」ということですね。

川原：そうです。究極「自分らしさ」なんて、地球上に自分ひとりなら、必要のない概念ですよね。**「自分らしさ」は、人との間でこそ見つかるもの**なんです。

堤：なるほど。ちなみにまだ「自分らしさ」について悩んでいる人は、どうしたらよいと思いますか？

川原：それは単に、「まだ動き足りていないだけ」という場合が多いと思います。自分の才能が活かせる相手と出会うために、とにかく興味がある場所に出かけてみることが大事です。

堤：確かに、好奇心を持って、動く。その中で人とのご縁で、自分らしさも見えてくるということですね。

川原：もし今いる閉じた環境のなかで、無理に自分の凹凹を埋めようとしても、単に没個性になっていくだけ。それなら思い切って飛び出してみるのもいいと思いますよ。

堤：ありがとうございます。「自分らしさ」をテーマに執筆するにあたり、ぜひお話を聞きたかったので、今回の話は大変学びになりました。

いかがでしたか。

今や川原さんは、近藤麻理恵さんのNetflix番組"Tidying Up with Marie Kondo"（邦題「KonMari～人生がときめく片づけの魔法～」）のエグゼクティブプロデューサーをはじめ、世界的なプロデューサーとして活躍されています。

しかし、その「自分らしさ」の原点が、自分のコンプレックスと相手の存在にあった、ということは、僕自身の問題意識とも重なり、深い納得に繋がりました。

自分のコンプレックスと、自分と相手の「らしさ」に向き合い、内面を耕した先にこそ、おいしい人生が繋がっているのかもしれません。

この本を読んでいるあなた自身も、まずは自分のコンプレックスと向き合うことから始めてみるのも良いのではないでしょうか。

らしさを紡ぐコピー化のコツ

自分のコンプレックスや人との出会いこそが、「自分らしさ」を紡ぎ出す。

エピローグ

コピー化に完成はない。「らしさ」は、変わり続けていい

ここまで、「らしさのコピー化」について語ってきましたが、いかがでしたか。もしかしたら、少し難しく感じてしまった方もいるかもしれません。

そこで最後に、「らしさのコピー化」は、最初はどんなに下手でもいいし、変わり続けていい、という話をしたいと思います。

振り返ると、僕自身も、自分らしさを表すパーパスは、子供の頃から、ずっと変わり続けています。しかも、昔はパーパスと呼ぶこともできないような、ただの思

いつきだったり、妄想だったりというレベルです。

そもそも小学校の頃の文集には、自分がなりたい職業を書いていました。**ゲームをつくる人、マンガ家、作家、本屋さん、普通のサラリーマン、そして大金持ち**（笑）など。とにかく将来の夢の欄に思いついたものを無邪気に列挙していただけです。それから中学生になると**「CMをつくりたい」**という多少真剣な夢に。こうして言葉にしたことで意識的に、夢を描くようになりました。

そして大学生になった頃には、クリエイターへの憧れから、**「日本を、世界を、勇気づける一流のクリエイターになる」**とまさに世間知らずながら、とにかく大きなパーパスをブログに書いていました。意識的にパーパスを掲げて行動することで、同じく広告業界を目指す就活仲間ができました。

こうして振り返ると、たとえカッコ悪い自己満足で誇大妄想なパーパスだったとしても、何も掲げないよりは何倍も良いということです。

おぼろげでもその言葉のお守りがあることで、脳は意識的に、そこに近づくための情報を集め、一貫性を持ってたどり着こうとします。


だから、もしもこの本を読んで、自分には上手いパーパスなんてつくれそうにないと思っても諦めることはやめてほしいのです。

たとえ、最初は「まずい」パーパスしかつくれなかったとしても、そのパーパスがきっかけで、ありたい姿に近づく第一歩は踏み出せています。そこからより良いパーパスに整えていく過程の中で、自分自身もパーパスも磨かれていくのです。

人生の道に迷ったときこそ、パーパスを更新するとき

新入社員になってからは、**「クリエイティブの部署で、コピーライターとして活躍したい」**というパーパスを設定し、ガムシャラに働きました。

しかし、仕事にも慣れてきた頃、突然のデジタル部署への異動によって、コピーライターではなくなってしまった時期があります。

じつはその時期、夢が破れたと思い、腐りかけていました。ですが、そのアイデンティティを失ってしまった頃に、それでも「自分がここに来た意味は何だろう」ともう一度じっくりとパーパスに立ち返ることにしたのです。

そしてようやく、**「デジタルとクリエイティブを掛け算する」**という自分の存在意義を更新することができました。そのおかげで当時話題になった人工知能コピーラ

イター・AICO《アイコ》という新規事業を立ち上げることができたのです。

その後も急にマレーシアの大学院に行くことになったときは、もはや広告マンでもなくなりました。そのときは、**「Dream Update（夢をアップデートする）」**というパーパスで、経営を学ぶこともまた今後何かに役立つのだと、自分を納得させました。

スタートアップに転職したときは、コピーライターではないコーポレート部門のマネージャーを経験したので、「自分だからこそできる役割は何だろう」ともう一度考え直し、**「かなえる、きっかけをつくる」**と、自分の存在意義を更新しました。

自分の役割が夢のきっかけづくりだとすれば、たとえばマネジメントの領域で部下が「新しい事業にチャレンジしてみたい」と言ってくれるように工夫した問いを投げかけてみるなど、小さなことでも1つのきっかけに繋げられるよう意識した行動ができます。
その後自分が1冊目の書籍『ほしいを引き出す　言葉の信号機の法則』（ぱる出版）を出した後は、「きっかけだけで終わるのってなんだか寂しいな」という感情を抱きました。

そこでご縁ができた人たちと、もっと幸せを共有し、もっと継続的に関わりたいという想いが芽生えました。そこで「『**幸せにかなえる**』**を紡ぐ**」というパーパスに更新し、今も大事にしている「紡ぐ」というワードを使い始めたのです。

そして現在、起業して独立したタイミングで、もう一度自分の一番のアイデンティティであり強みにフォーカスするために、**「言葉を整え、ご縁を紡ぐ」**というパーパスになりました。

このように、毎回自分の状況や視座が変わるたびに、パーパスも柔軟に更新していけるものなのです。まさにお寿司と一緒で、「新鮮さ」は大切です。ずっと使い続けてきたパーパスがなぜかしっくり来なくなったら、それはパーパスを見直す時期なのかもしれません。

このように「らしさのコピー化」を身につけると、その都度、あり方とやり方を更新していけるようになります。

パーパスは立てるだけだと意味がないですが、それを意識的に体現しようとするプロセスにこそ意味があるのかもしれません。

僕だと、まさにこうして書籍や講座、ワークショップなどを通じて**「言葉を整え、ご縁を紡ぐ」**こと。だからこそ、今、この瞬間も自分らしい幸せと接続することができます。そしてこの言葉をコピー化して日々周りに伝えているからこそ、言葉を整える仕事を依頼されたり、ご縁を紡ぐ機会をいただけたりする。こうして僕の「らしさ」を周囲にコピーして複写していくことで、コミュニティの中で新たな提案が生まれ、事業が紡がれていくのです。

もちろん、いずれ環境が変わったり、僕自身の視座が上がったりしたタイミングには、また別のパーパスを掲げるようになっているかもしれません。それもまた楽しみなことなのです。

だから、あなたも、自分のパーパスを決めることを躊躇《ためら》わないでください。あくまでも今日の自分らしいものを、仮決めするようにパーパスを握っていくことが、あなたという存在を耕してくれるのです。

日本の寿司が、世界のＳＵＳＨＩになったように

今回の本はお寿司にたとえて、「らしさのコピー化」のコツを語ってきましたが、日本のお寿司が世界のＳＵＳＨＩとして広がっていったという点からも、学べるのではないか、と思っています。

ちなみに海外のＳＵＳＨＩはそれぞれの国で独自の広がり方をしています。たとえば、カリフォルニアロールは、海藻《かいそう》を消化しにくい西洋人のために、海苔《のり》を使わない工夫の末につくられた一品だったりします。

またフランスでは、味の濃い料理が多いため、お寿司も味の濃いものが好まれる

そうです。このように、寿司は世界の文化と融合しながら、ローカライズされながら、それぞれの国で愛されるＳＵＳＨＩへと広がっているのです。

ここにあなた「らしさ」を活かし世界に広がるヒントがあるように思います。カリフォルニアロールや味の濃い寿司も、またその国の個性を活かし、その国の「おいしい変化」を追求したＳＵＳＨＩなのです。だからこそ、自分らしさを頑《かたく》なに守るだけでなく、ときには柔軟に相手によって変容していっていいのです。

ちなみに「国際的」という英語には「グローバル」と「インターナショナル」という2つの単語があります。この「グローバル」には1つの地球（グローブ）という意味があります。そして「インターナショナル」には国の（ナショナル）「あいだ（インター）」という意味があります。

これはまさに、「らしさのコピー化」にとっても大切な考え方だと思うのです。確かに自分とはたった1つの存在でもあるし、相手によって変わる「あいだ」にある存在でもあると思うのです。

だからこそ「自分の個性を一方的に押し付ける」のではなく、「相手だけを見て迎合する」のでもなく、自分と相手の間に立ち、両者が一番「おいしい」と思える変化を見出してほしいと思います。

言葉を整えると、世界に立ってご縁の輪を紡いでいける

僕が、『ユダヤ人大富豪の教え　幸せな金持ちになる17の秘訣』（大和書房）の著者である本田健《ほんだけん》さんの作家合宿に初めて参加したときのことです。そのときにポロッ

と告白した悩みは、自分のことを人に伝えるのが恥ずかしく、1冊目の本の読書会をほとんど誰にも告知できず、結果、ほぼ主催者と僕だけの読書会を開いてしまったこと。そんな黒歴史のような傷について相談する機会がありました。

「誘っても、断られたら、どうしよう」と考え自意識を守ろうとするあまり、声をかけるのが怖くなってしまった。そして、感情的なリスクを取ることを恐れて、結局ギリギリまで告知できない、発信できないことになってしまったのです。

そこで「作家でありたいならば、アマゾンレビューという処刑台の上に立つ覚悟がいる」ということを教わりました。怖くても仲間を信じて「助けてください」と周りを頼ることを教わりました。

それから、たった1年の間に、「言葉を整え、ご縁を紡ぐ」ということの言葉で自分自身を奮《ふる》い立たせながら、本田健さんのコミュニティやマスターマインドの仲間、そして「つむぐ塾」の仲間と、数々のイベントで応援し合ってきました。

2024年1月の「つむぐフェス」では、十名を超える著者たちが集まり、能登《のと》半島の地震のためのチャリティイベントを行ないました。

そして夏は2日間の「夏のご縁日LIVE」を行ない、それぞれが自分のパーパスを宣言するイベントを実施しました。こうした場で自分のパーパスを発表することが初めての方も多くいましたが、自分らしさを表現したパーパスを語ったあとは、それぞれとても良い顔をされていたのが印象的でした。

そして2024年10月には、世界一のブックフェアであるドイツのフランクフルトブックフェアにご縁のある有志の著者仲間やアーティストたちと共同出展し、「GOEN BOOKプロジェクト」を実施することができたのです。

ほとんど声かけできず、黒歴史的な「ぼっち読書会」しか開けなかったときからたった1年後に、有名な著者やアーティストを巻き込んで、ドイツにまでみんなで乗り込むとは思いもよりませんでした。またオンラインからの参加や、応援も多数集まり、まさにご縁を紡ぐ大切さを実感するイベントになりました。

「らしさのコピー化」は、自分の内面を耕す旅

最後に、なぜ「らしさのコピー化」を掲げることで、次々と夢のような理想が紡がれていったのかについてお話しします。

ちなみに、仏教には「縁起《えんぎ》」という言葉があります。無数の因縁によって、私は存在しているのであって、その因縁がなければ私は存在しない、ということです。

このことをブッダは、「空《くう》」と呼びました。もしかしたら東洋哲学がいうように、

「自分らしさ」どころか、そもそも「自分なんてない」のかもしれませんし、人生に意味などないのかもしれません。

ただし、それでも僕は、「自分らしさとは？　自分の存在意義とは？」と問い続けることに意味があると言いたいと思います。

なぜなら「自分らしさ」について探究することは、この限られた命の時間をいかに生きるか、という生き方の問題だからです。「自分なんてない」「意味がない」と無目的に惰性で生きるより、その先祖代々続いてきた命のリレーを紡いでいくこと、また本のように知恵を後世に紡いでいくこと、そこに感謝があるからです。

僕自身も、「らしさのコピー化」で自分のパーパスを定めなければ、水が低きに流れるように、つい怠惰で楽な方に流れてしまう弱さやずるさを持っています。どうしようもなく臆病で、弱虫で、気分屋で、ずるい自分が顔を出します。

だからこそ、「らしさのコピー化」を通じて、言葉を羅針盤に、自分をありたい姿に近づけようと一歩ずつでも動くこと。人間は、弱い。だからこそ、ほんの一握りの勇気を振り絞って、自分で自分に宣言する。

そしてそのパーパスが人の目に触れることで、そのパーパスと一貫性を出すべく、ようやく弱い自分が一歩踏み出せるようになる。

「らしさのコピー化」の本質は、

外面を「繕う」のではなく、

内面を「耕す」ことにあるのです。

それが、

苦しかった過去の自分と、

何者でもない今の自分と、
まだ不確かな未来の自分を、
清算し肯定することになります。

そして、青臭くとも、そのあるべき理想をコピー化し周りに複写していくことで、きっと社会はもっとうるおいます。これまでご先祖様から受け継いできた叡智《えいち》を、自然の恵みを、次に紡いでいくことが、まさに加速していくのだと思います。

「らしさのコピー化」を通じて、その言葉を一番耳にしているのは「自分自身」です。

だからこそ、言葉を味方につけ、お守りにしましょう。自分らしさや人生に意味があろうがなかろうが、自分が思い描いた理想の「あり方」に一歩でも近づこうとする姿。それは尊く、美しいと思いませんか？

そして自分や自社の「らしさ」を追求し内面を耕す過程で、目の前の相手の「らしさ」を感じ、日本「らしさ」を感じ、地球「らしさ」を感じる感性も身についていくのではないでしょうか。

たとえば、お寿司を食べることは、魚という「海」を食べること。米という「土」を食べることでもあります。たった1つの寿司からでも、僕たちは無限の宇宙を味わうことができます。

今ビジネスの現場では、「『見える化』しなきゃ」とか「『言語化』しなきゃ」などと普通に使われています。

僕はこの「コピー化」という言葉が、「ちゃんと『コピー化』した?」と自然な会話の中で使われるように、社会に広がっていけばいいなと思っています。

そして日本の「IKIGAI（生きがい）」という言葉が海外に広がってきているように、この「らしさのコピー化」を通じて、日本的感性である「GOEN（ご縁）」や「TSUMUGU（紡ぐ）」という言葉が世界に広がっていけばいいなと思っています。

あなたの人生は「らしさのコピー化」を行なうことで、味わい深くなります。

ぜひあなたも、おいしく味わい深い人生をご賞味くださいませ。

ドイツ・フランクフルトにて

堤　藤成

謝辞

「〝人生の宿題〟と向き合うような本を書きなよ」

それは、電通時代の先輩で『言葉にできるは武器になる。』（日本経済新聞出版社）の著者である梅田悟司《うめださとし》さんから言われた言葉でした。

今回の本はまさに、自分の存在意義と向き合うという、まさにこれまでの人生の宿題を清算するような本になりました。

祥伝社の編集者であるKさんには、大変お世話になりました。前作『ハッとする

言葉の紡ぎ方　コピーライターが教える31の理論』で言葉を紡ぐ楽しさを言語化できたからこそ、今回こうして自分を内省し、自分の「人生の宿題」を扱うテーマを紡ぐことができました。また本編にて、事例として紹介させていただいたZaPASSさま、伊勢半さま、ロート製薬さまにも感謝を。

そして、実践講義の部分で協力いただいた「川原卓巳プロデュースの学校」の皆様にも感謝を。とくに、講義部分の書き起こしや文字校正などのライティング部分をサポートしてくれた矢内あやさんと、インタビューを快く引き受けてくださった川原卓巳さんにも感謝をお伝えしたいと思います。

また、本田健さんコミュニティやマスターマインドの皆さん、そして「つむぐ塾」コミュニティで日々切磋琢磨《せっさたくま》している仲間に大きな感謝を。

中谷彰宏《なかたにあきひろ》さんの中谷塾での講義や、「ビジネスブックマラソン」の土井英司《どいえいじ》さんの講義からは、多くのことを学ばせていただきました。

妻の道子と息子の和奏には、ときにぶつかりケンカもしながらも家族の互いの唯一無二性を感じ、気づきを得られています。そしてこれまで支えてくれた両親、親戚、恩師や友人たちにも深い感謝を。そのひとつひとつの出会いが、自分らしさを紡いでくれたのだと思います。

他にも、今回の「スペシャルサンクス」企画で応援いただいた皆様を掲載しております。もちろんここに掲載できなかった方々にも感謝いたします。そして何より、この本を手に取ってくれた読者のあなたに心から「ありがとう」をお伝えしたいと思います。

あなたの人生、言葉を整え、ご縁が紡がれていきますように。

SPECIAL THANKS

ご縁を紡いでいただいた皆様

阿部静子
池浦真理
えいちゃん
金井正浩
金丸綾花
児玉峻
佐藤由香里
神野真由美
しんび
すぎちゃん
瀬口眞一郎
瀬口理恵
高村真結美
田邊輝真
タワタナ
チタン BLUE
西村栄基
のじまる
林敬佑
福村香歩
村瀬礼子
めー
めぐみ
矢内あや
りえちゃん

つむぐ塾
本田健コミュニティ　川原卓巳プロデュースの学校
中谷塾　hint ゼミ ICORE FOLKE いれぶん塾　Lectio

ZaPASS 伊勢半　ロート製薬

妻・息子・両親・親戚・友人・恩師・クライアントの皆様
福岡合同著者イベントにご参加いただいた皆様
「整え隊」で応援いただいた皆様

命のパーパスを紡いでくれた祖父母である
堤 藤吉・律子／堤　藤之助　サツキ　に捧げます

参考文献一覧

池田書店編集部編『人生を動かす　賢者の名言』（池田書店）
岩嵜博論・佐々木康裕『PURPOSE　パーパス「意義化」する経済とその先』（NewsPicksパブリッシング）
梅田悟司『言葉にできるは武器になる。』（日本経済新聞出版社）
川原卓巳『Be Yourself　自分らしく輝いて人生を変える教科書』（ダイヤモンド社）
小池康仁『「自分」の生き方　運命を変える東洋哲理2500年の教え』（ダイヤモンド社）
ジム・バンデハイほか『Simple「簡潔さ」は最強の戦略である』（ダイヤモンド社）
末吉宏臣『発信する勇気　「自分らしいコンテンツ」は最高の出会いを作る』（きずな出版）
髙崎卓馬『表現の技術』（中公文庫）
地球の歩き方編集室編『道しるべとなるドイツのことばと絶景100』（地球の歩き方）
フレッド・ライクヘルドほか『「顧客愛」というパーパス〈NPS3・0〉』（プレジデント社）
本田健『「未来を書く」ことで、どんどん夢は実現する』（永岡書店）
松永光弘『伝え方　伝えたいことを、伝えてはいけない。』（クロスメディア・パブリッシング）
森枝卓士『すし・寿司・SUSHI』（PHP研究所）
守屋洋『新釈　老子』（PHP研究所）
八木仁平『世界一やさしい「やりたいこと」の見つけ方　人生のモヤモヤから解放される自己理解メソッド』（KADOKAWA）

読者限定の特典配布中！『つむぐ塾』にようこそ。

最後まで読んでくれてありがとうございます。ただしここで本を閉じて、日常に戻ってしまう前にひと呼吸おきましょう。書籍を読んで終わりになってしまうこと。それが一番もったいないからです。なぜなら本にリアリティが感じられなくなり、日常の惰性に流されてしまうからです。だからこそ、本を読んで終わりではなく、読んでから始まる繋がりを紡ぐことこそ大切だと思うようになりました。そこで、本書を読まれた方の読者コミュニティをオープンしました。

この本は読んで終わりではなく、読んでから始まる本です。ぜひ『つむぐ塾』のサイトを訪ねてみてください。僕も『つむぐ塾』の中で紡がれた言葉はすべて目を通します。また書籍を読まれた方限定の無料特典などもご用意しております。特典の受け取りや読者コミュニティへの参加方法など、詳しくは著者堤藤成の公式サイトをご確認ください。感想は（#ひとことで整える）をつけてシェアいただけると嬉しいです。それでは一緒に、幸せにかなえる、を紡いでいきましょう。

堤　藤成
【著者WEBサイト】tsutsumifujinari.com
【メールアドレス】tsutsumifujinari@tsutsumifujinari.com
【X】@tsutsumifuji

＊特典の提供は予告なく終了になる場合がございます。

著者プロフィール

堤　藤成（つつみ　ふじなり）

コピーライター、著者起業家、『つむぐ塾』塾長
株式会社ツツミ・インターナショナル代表取締役

生まれつき右耳が聞こえず、コミュ力に自信がない状態から、中学生の頃に、言葉とアイデアでうるおすコピーライターに憧れる。株式会社電通に入社しクリエイティブやデジタルなどの部門で、国内外のクリエイティブやマーケティングに従事。カンヌＧＯＬＤ、日本新聞協会新聞広告クリエーティブコンテスト・グランプリ、宣伝会議アドタイ第１回コラムニストグランプリなど受賞多数。在職中にELM Graduate SchoolにてＭＢＡ（経営学修士）を取得。リテールテックＤＸ系スタートアップを経て、株式会社ツツミ・インターナショナルを創業。現在はオランダを拠点にマーケティング支援に携わりながら、言葉で「幸せにかなえる」を紡ぐコミュニティ「つむぐ塾」を主宰。著書に『ほしいを引き出す　言葉の信号機の法則』『制約をチャンスに変える　アイデアの紡ぎかた』（ともにぱる出版）。『ハッとする言葉の紡ぎ方　コピーライターが教える31の理論』（祥伝社）がある。

【著者WEBサイト】tsutsumifujinari.com
【メールアドレス】tsutsumifujinari@tsutsumifujinari.com
【X】@tsutsumifuji

ひとことで整《ととの》える

自分《じぶん》らしく売上《うりあげ》とチーム力《りょく》を上《あ》げる

言葉《ことば》の紡《つむ》ぎ方《かた》

令和7年1月10日　初版第1刷発行

著者　堤藤成《つつみふじなり》

発行者　辻浩明

発行所　祥伝社《しょうでんしゃ》

〒101-8701　東京都千代田区神田神保町3-3

☎03(3265)2081(販売)

☎03(3265)1084(編集)

☎03(3265)3622(製作)

印刷　萩原印刷

製本　ナショナル製本

ISBN 978-4-396-61830-8 C0030

祥伝社のホームページ　www.shodensha.co.jp